有效教学管理与实践

孙美青 著

吉林科学技术出版社

图书在版编目（CIP）数据

有效教学管理与实践 / 孙美青著. -- 长春：吉林科学技术出版社，2021.5
ISBN 978-7-5578-8171-9

Ⅰ. ①有… Ⅱ. ①孙… Ⅲ. ①中学－教学管理 Ⅳ. ①G632.0

中国版本图书馆CIP数据核字(2021)第102505号

有效教学管理与实践

著	孙美青
出 版 人	宛 霞
责任编辑	张延明
封面设计	青岛金石文化科技有限公司
制　　版	青岛金石文化科技有限公司
幅面尺寸	170mm×240mm
开　　本	16
印　　张	14.875
字　　数	220 千字
印　　数	1-1500册
版　　次	2021年5月第1版
印　　次	2022年5月第2次印刷

出　　版	吉林科学技术出版社
发　　行	吉林科学技术出版社
地　　址	长春市福祉大路5788号
邮　　编	130118
发行部电话/传真	0431-81629529 81629530 81629531
	81629532 81629533 81629534
储运部电话	0431-86059116
编辑部电话	0431-81629518
印　　刷	保定市铭泰达印刷有限公司

书　　号	ISBN 978-7-5578-8171-9
定　　价	56.00元

版权所有　翻印必究　举报电话：0431-81629508

目 录

前言/1

第一篇 初中生身心发展特点和学习规律分析/1

把握初中学生成长的特点/2

初中生常见心理问题的分析/13

现代中学生的心理教育方法/20

初中学生学习特点的分析/26

第二篇 教师提高自身素质和专业发展的有效方法/33

怎样提高教师的思想政治素质/34

浅谈提高教师职业道德修养途径和方法/39

教师实现专业发展的路径/45

终身学习——教师专业发展的前提保证/49

行动研究——教师专业发展的基本路径/51

教学反思——教师专业成长的必经之路/53

同伴互助——教师专业成长的有效方法/56

专业引领——教师专业成长的重要条件/59

课题研究——教师专业成长的有效载体/63

网络远程研修——教师专业发展的新平台/66

教师成长记录袋——教师专业发展的不断动力/69

名著阅读——不该放在被爱情遗忘的角落/73

你听见花开的声音了吗/75

要用心去潜水/78

远程研修——"听"、"说"、"读"、"写"四重奏/81

第三篇 有效教学管理的策略/84

激发初中学生的学习兴趣/85

初中阶段常见的教学方法/89

对中学生常见学习问题的分析/92

做务实高效的课堂教学/97

构建高效课堂 放飞孩子梦想/103

高效课堂教师必备八大教学素养/107

毕业班教学工作的加强/110

初中教学管理的有效方式/118

中学阶段如何营造良好的课堂氛围/122

因材施教　善启心灵/126

初中教学中因材施教的措施/129

让阳光撒到教室的每一个角落/132

"文""言"结合，双翼并举/138

撑一支长篙，向生活更深处慢溯/141

放开手，学生可能会走得更好/144

放我的真心在你的手心/148

亲爱的，你慢慢飞——/152

送你一串冰糖葫芦/154

第四篇　有效教学实践与反思/157

把简单的事做好　把平凡的事做精/158

把认真坚持到底　用扎实赢得转变/166

用心做教育/176

努力奔跑　奋勇追梦/184

青春在梦想中起航，梦想在奋斗中绽放/192

系好第一颗纽扣/206

幸福都是奋斗出来的/214

振双翼而上青云/222

参考文献/230

前　言

　　初中在孩子们的人生中是一个重要的阶段。它既是孩子们由幼稚走向成熟的过渡期，又是孩子们进入青春发育的敏感期，还是孩子们学习生涯中承上启下的关键期。因此，作为一名教育工作者，不仅要分析孩子们这一阶段成长的特点，还要始终铭记自己的教育职责所在，不断在自己所分工的专业领域精益求精、刻苦钻研，以自己纯洁的灵魂，高尚的品格去影响学生的心灵。这样才能培养出具有优良品质的新一代，才能无愧于"人类灵魂的工程师"的称呼。同时，学校也务必重视孩子们在初中阶段的生活，关心孩子们在初中阶段的身心健康，做好教学管理和家校沟通等工作，为孩子们的健康成长和将来创造幸福成功的人生奠定基础。

第一篇

初中生身心发展特点和

学习规律分析

把握初中学生成长的特点

初中时期俗称青春期、少年期，一般从11、12岁开始到14、15岁结束，学生的半成人、半儿童的特点十分明显，可塑性大而不稳定，常被人喻为多事季节，心理学上称为"心理断乳期"。这时期是学生身体发展的一个加速期，相对生理发展速度来说，心理方面虽然也在发展，但显得较为平缓。由于身心发展不平衡，他们面临诸多心理上的问题，是独立性和依赖性、自觉性和幼稚性错综矛盾的时期。他们充满着各种心理矛盾，是家长最需要注意和教师最需要特别加以关注的时期。

一、生理发展特点

（一）生理表现

初中生处于青春发育期，这个阶段是个体生长发育的第二个高峰期，他们的身体和生理机能都发生了急剧的变化，主要表现在身体外形的改变、内脏机能的成熟及性的成熟三个方面。

1.外形的变化

最明显的特征就是身高的迅速增长，每年至少要长高6—8厘米，甚至可达10—11厘米。并且，男生和女生的身高变化是有差异的。男生进入身高生长加速期的平均年龄是13、14岁左右，然后速度逐渐下降。女生的这一过程要先于男生近两年，大多数女生从11岁左右开始进入身高生长加速期，14岁左右达到高峰。

2.体重增长很快

随着身体内脏的增大、肌肉的发达和骨骼的增长变粗，学生体迅速增长，逐步向成年人过渡。

3. 第二性征出现

男生喉结突出、嗓音变粗、生长胡须、腋毛、阴毛、阴茎睾丸变粗变大等。女生嗓音变细、乳房隆起、脂肪增多、生长腋毛阴毛等。

4. 体内机能的增强

主要表现在血压接近成人水平，为高压90—110毫米汞柱，低压为60—75毫米汞柱，肺活量增大、肌肉增强和大脑的发育成熟。

5. 性发育成熟

生殖系统是人体各系统中发育成熟最晚的，它的成熟标志着人体生理发育的完成。

（二）生理变化对心理活动的影响。

青春期的到来对初中生在心理上有很大的影响。

首先，由于身体外形的变化，初中生的成人感也逐步增强。因此，他们在心理上希望能尽快进入成人世界，希望尽快摆脱童年时的一切，寻找到一种全新的行为准则，扮演一个全新的社会角色，获得一种全新的社会评价，重新体会人生的意义。然而，无论是在学校，还是在家庭，初中生的社会角色依然还是一个孩子。初中生在这种无形的矛盾中，体会到了种种困惑。

其次，由于性的成熟，初中生对异性产生了好奇和兴趣，萌发了与性相联系的一些新的情绪情感体验，滋生了对性的渴求但又不能公开表达这种愿望和情绪，所以，常常体会到一种强烈的冲击和压抑。

第三，成人感和幼稚性并存

由于身体的发育成熟使初中生产生了成人感，但在辩证思维方面才刚刚萌芽，思想方面仍带有很大的片面性和表面性，情绪体验也缺乏成人的深刻和稳定，社会经验不足等幼稚性，这无疑会给初中生带来许多的心理冲突和矛盾。

第四，反抗性与依赖性并存

由于初中生产生了一种强烈的成人感，进而产生了强烈的独立意识，对一切都不愿顺从，不愿听从父母、老师及其他承认的意见，在生活中，从穿衣戴帽到对人对事的看法，常常处于一种与成人相抵触的情绪状态中，也就是常说的逆反心理。

但是，在初中生的内心并没有完全摆脱对父母和老师的依赖，只是依赖的方式有所变化。童年时，对父母和老师的依赖更多的是在生活上，初中生对父母和老师的依赖则表现为希望从父母和老师那里得到精神上的理解、支持、安慰和保护。

存在于少年身上的反抗性非常复杂，实际上，在生活中许多方面，初中生还是非常需要成人的帮助的，尤其是在遭受挫折的时候。教师应特别注意这些细节问题。

第五，闭锁性和开放性并存

进入青春期的初中生，渐渐地将自己的内心封闭起来，心理生活丰富了，但愿意表露于外的东西却少了。把日记藏起来不让别人看，就是把自己内心世界封闭起来的最好印证。

与此同时，初中生又感到非常孤独和寂寞，希望能有人来关心和理解自己。他们不断地寻找朋友，一旦找到，就会推心置腹，毫不保留。因此，初中生在向大部分人封闭自己的同时，又向自己喜欢和接受的一部分人表现出明显的开放性。

第六，勇敢和怯懦并存

在一些情况下，初中生似乎能表现出很强的勇敢精神，但这时的勇敢带有鲁莽和冒失的成分，具有"初生牛犊不怕虎"的特点。这是因为，首先，他们在思想上很少受条条框框的限制和束缚，在主观上，不存在过多的顾虑，常能果断地采取行动，其次，由于他们在认识能力的局限性，使其经常不能立刻辨析出那些危险的情境。

但在另外一些情况下，由于缺乏生活经验，初中生也常常表现得比较怯懦。例如，他们在公共场合，常羞羞答答，未说话先脸红等。

第七，高傲和自卑并存

由于尚不能确切地评价和认识自己的智力潜能和性格特征，他们很难对自己做出一个全面而恰当的估计，而是凭借一时的感觉对自己轻下结论。这样就导致他们对自己的自信程度把握不当，稍许成功，就可以使他们认为自己是非常优秀的人才而沾沾自喜，而偶然的失利，又会使他们认为自己无能透顶而极度自卑。因此，他们害怕失败又渴望表扬，两种情绪往往交替出现在同一个学生身上。

第八，烦恼突然增多

不知道以何种形象出现在公众面前，不知道如何在同伴中保持较高地位。青春期的到来对于心理准备不充分的少男少女来说，的确影响不小。少女们为避免他人的注目，常常不惜以牺牲自我形象为代价，驼起背，畏缩着身体，穿上臃肿而又有些奇形怪状的衣服来掩饰自己的身躯，使自己的身高和胸部尽可能不为人所注意。对月经的来临，虽然有的少女会产生温暖的满足感，但也有些少女可能会感到肮脏和痛苦。少男们对自己身体变化的感觉或许不像少女们那么强烈，但有一件事是经常发生的，那就是担心自己身体的发育会和同伴们大不一样。一不中听的句话，马上会让他们烦恼突然增加、火冒三丈。

第九，与父母的关系出现裂痕

他们觉得自己已经长大成人，应该从父母营造的温室里走出来，独立自主地开辟新天地。如果父母要过问他们的一些事，得到的回答往往是：我的事由我自己来做，不要你管。要是父母对他们的事干涉得太多，他们对父母可能是以仇相报，甚至突然离家出走。

二、心理发展特点主要表现

生理变化是心理变化的物质基础。随着生理的变化以及环境的影响、教育的作用，初中生在心理发展上产生了许多不同的特点。

（一）智力迅速发展

初中生的感觉、知觉灵敏，记忆力、思维能力不断增强，逻辑抽象思维能力逐步占据主导地位。他们逐步开始用批判的眼光来看待周围事物，有独到见解，喜欢质疑和争论。开始思考人生和世界，提出许多有关"人生目的"、"人生意义"、"生活理想"等一类的问题。正如《少年维特之烦恼》中写的那样，由于这些问题的解决是个充满矛盾的过程，所以他们常常会为此感到苦恼、迷茫、沮丧与不安。

（二）自我意识增强

随着知识的积累、智力的发展以及独立安排生活道路这一客观要求的逼近，初中生的自我意识日渐成熟。他们倾心于认识自己的身心发展及其社会价值，独立地评价自己和别人，并逐渐克服评价的片面性，力求全面分析，初步形成稳定的性格特征，能开始较好地进行自我教育。

（三）情绪情感趋向成熟

初中生的情绪和情感已趋向成熟和稳定，但与成人相比，又显得动荡不稳。他们办事积极、富于热情，情感易被激发，行动迅速，表现为奔放、果断。但由于生理和自我意识上的急剧变化，有时他们的情绪、情感容易过于激动。随着智力的不断增长和社会经验的增长，慢慢地形成许多具有明确道德意识的社会情感，如集体荣誉感、社会责任感、义务感、正义感和民族自豪感等，其深刻性和持久性明显提高,由于对情感的自我调节和自我控制的能力提高,初中生的情感逐渐稳定。

(四)意志发展迅速

初中生在遇到困难时,往往乐于独立思考,想办法克服困难,表现出良好的主动性,不像儿童那样轻易求助于他人,同时他们控制和支配自己行为的能力也逐渐增强。此时,他们努力使自己的行为服从于原定的目的和计划,能较好地调节自己的情绪。行动的理智性比较强,当然有时也表现出冲动。此外,由于神经系统功能尤其是内抑制功能的发达,以及动机的深刻性和目的水平的提高,使他们在面对困难时表现出坚韧性。他们勇于求成,凡事不肯轻易服输,即便受挫,亦不灰心。

(五)言行趋于完善与成熟

言语和行为特征是表达学生心理发展状况的重要标志。初中生的词汇已逐步丰富,且内容日渐深刻,口语表达中的独白、语言趋于完善,书面语言表达基本成熟,内部语言已达到非常简约化的水平。这时他们要求完全摆脱成人干预,独立行事,要求社会承认他们行为的社会价值,要求两性交往、恋爱等。他们要求像成人一样地参与社会生活,但是又往往不善于控制自己的行为,特别是在情感受到触动的时候容易冲动。

(六)性意识的发展

青春期第二性征的出现,意味着性功能的逐渐成熟,这一变化反映在心理上会引起性意识的觉醒。初中生性意识是一个持续发展的过程,这个过程大致可分为三个阶段:

1.疏远异性阶段。

青少年青春发育的初期,由于生理上急剧变化,性别发育差异,往往对性的问题感到害羞、腼腆、不安和反感，于是在心理上和行为上表现出不愿接近异性、彼此疏远、男女界限分明、喜与同性伙伴亲密相处等现象。

2.接近异性阶段。

随着年龄的增长，生理、心理的进一步成熟，青年男女之间会产生一种情感的吸引，相互怀有好感，对异性表示出关心，萌发出彼此接触的要求和愿望，同时身体各方面的突变又使他们产生神秘感和好奇心，这些都会引起学生特殊的心理状态。针对这种情况，应采取良好的方式及时向学生讲述生理卫生知识并进行性教育和道德、法制知识的教育，避免发生问题。

3.恋爱阶段。

随着年龄的增长，生理上的进一步成熟及社会预处理活动的全面影响，青年男女之间开始萌生爱情。他们仅把特定的异性视为自己交往的对象持续地交往，相互爱慕，进入恋爱。针对这种情况，教师应正面引导，及时对学生进行道德法制知识教育，树立正确的恋爱观，避免发生问题。

（七）思维能力的发展

初中生的神经系统发育趋于成熟，大脑内部神经细胞体积增大、神经纤维增多，神经元之间的联结也增多，神经细胞内部结构和机能复杂化，大脑皮层基本发育成熟。初中生大脑神经活动机能的主要特点是兴趣性较高，兴奋过程比抑制过程要强些，兴奋和抑制的相互转换较快。总的来说初中生大脑皮层兴奋与抑制过程不够稳定，因而对运动系统的协调作用有所下降，学生会出现动作上暂时的笨拙，渐渐地，随着兴奋和抑制趋于平衡，上述现象即逝。

初中生的高级神经活动从第一信号系统占优势很快转到第二信号系统占主导地位，为他们抽象逻辑思维的发展，系统地学习科学理论及世界观形成奠定了物质基础。智力发展高峰与生理发展，特别是与神经系统发展的成熟相适应，初中生的智力发展正在走向高峰，他们处于富于理想、充满追求的时期。对知识的求索、对人生的思索、对理想的追求、对爱情的向往等精神方面的需求，和衣、食、住、行等物质方面的需求都急剧上升。初中生的创造性正处于充分发展时期，是一生中最有活力和创造性的时期，他们最少保守思想，最勇于探索和实践，智力又处于发展的高峰。古今中外，大凡有作为、有成就的人，都无不从青少年时期开始打下坚实的基础。

由此可见，初中时期是人生的重要阶段，从身心各方面加强对初中生的教育、引导，对他们一生的发展将会起到重要促进作用。

初中生正处于从儿童向青年期过渡的急剧变化的时期，他们具有半成熟、半幼稚，半懂事、半不懂事的特点，或者说具有半儿童、半成人的特点。

三、认识能力方面

（一）感知活动的精确性，概括性有了明显的发展

他们已能根据教学要求去观察某种对象和现象，并能稳定地长时间地去进行有目的的面容。在一般的学习活动中，集中注意的观察时间随年级的升高而有延长的趋势。

初二以后，学生已能按思维的概括去观察事物，如按一定的规律去填补图形的缺损处。由于观察的精确性、概括性有所提高，他们在观察进能抓住事物的主要特点和忏悔进行较为全面、深刻的分析，并能把个别事物同一般的原理、规则联系。

（二）意义识记开始占优势

初一年级以上的学生记忆服从于识记的任务和教材的性质，并通过理解来掌握教材内容和各部分教材之间的内在联系。

（三）抽象逻辑思维开始占有相对的优势

初中学生在教学活动中，已能根据事物的本质特征和内在联系进行恰当的判断和进行归纳或演绎。有的学生还能够不受事物的具体情节的局限，超出直接感知的事物，提出假设，进行推理和论证；有的还能根据掌握的资料，进行分析和科学实验，作出判断和推理，从而发现事物的内在联系。因此，优秀的初中学生也能有近似科学的预见或理论的创新。

四、情绪和情感方面

（一）情感内容与日渐丰富，但较肤浅

初中生已发展到与社会需要相联系的情感，如集体主义情感、爱国主义情感、同志友谊感、理智感和美感。但是由于他们知识经验的局限，自我调节和控制的能力不够强，当预先决定的活动作临时的调整时，尤其是需要服从社会的要求，放进自己所喜爱的活动时，情感上波动较大。这反映了初中生的社会性情感还不够深刻。有的学生甚至分不清是非、辨别不了美丑，出现哥们义气等不正确的情感。

（二）情绪表现较全面

初中生不像小学生那样掩饰不了自己内心世界，而是极力使自己的情绪不外露。但是，由于它们的意志力和个性意识倾向性发展得不够稳定，自我调解和控制的能力较差，遇到一点事情时往往表现出或者振奋、激动、热情，或者动怒气、怄气，甚至打架。这在一定程度上反映了他们耐受挫折的能力不强。

五、意志行动方面

（一）喜欢模仿，善于模仿

模仿是对榜样行为的一种效法。简单模仿是一种本能倾向，复杂的模仿则是一种意识活动。初中学生喜欢模仿与他们意志行动的独立性尚未成熟，易受暗示

有关，也与他们的思维独立性品质较差，容易接受生动、形象化的教育的年龄特征有关。

针对初中学生喜欢模仿、善于模仿的特点，教师凡是要求学生做到的，必须首先自己要做到，同时应在同年龄团体中经常树立内容不同的、良好的榜样供学生模仿。另外，树立和发展良好的校风和班风的作用也十分重要。

（二）动机的多变性

在一项活动的进程中，有个人动机坚定不移，并为之不惜付出一切意志努力；有的人却大多是变换动机，尤其是在遇到困难时，常常不是作为意志努力，而是变换动机，逃避困难。初中生动机的多变性是比较突出的，他们常常很容易被诱因直接引起的欲望所驱使。这与他们的思维缺乏周密的推理和稳定性有关，也与他们兴趣缺乏稳定性有关。动机多变性反映了初中生的意志行动欠成熟。

六、自我意识方面

所谓自我意识，是指个体对自己的认识和态度，对自己与周围人之间的关系的认识和态度。通过实践活动，人们不仅能认识客观事物，并且也能认识自己，认识自己和客观世界的关系。例如，对自己的感知动作、行为方式、动机兴趣、情感意志、能力性格、理想信念和世界观的认识，以及对自己在集体中的地位和作用的认识。自我意识不是个别心理机能的显现，而是一个统一的整体，具有完整的内在结构。它主要表现在评价别人与评价自己的能力、独立性与自制力，以及对劳动与集体的态度等方面。自我意识的发展在个性形成中占有极重要的地位，人的兴趣、能力、性格、情感、意志和道德行为无不受到自我意识的制约和影响。

人能够认识自己，将主体从客体中区分出来，意识到自己是社会生活的主体，需要经过一个很长的发展过程。婴儿在出生后的头一年还没有自我感觉，甚至连自己身体的存在都不知道。

初中学生的自我意识发展具有以下几个方面的特点。

（一）成人感

初中生由于自己的身体迅速长高，力气增强，精力旺盛，耐力增加，能够参加一些比较繁重的体力活动，并具有一定的知识、技能和独立工作能力，家庭中的地位也有所改变，往往感到自己已经长大成人。他们希望象成人那样干出一番事业来，并极力表现出成人的作风和气魄，同时也要求别人尊重他们的意志和人格。他们宁愿承受艰巨的任务，也不愿意受到特殊的照顾，在某些情况下往往表现出不畏风险、不怕困难、敢想敢干、见义勇为的品质。

（二）自我评价能力一般落后于评价别人的能力

初中学生评价别人和自己的标准已发生了质的变化。他们已开始考虑到行为的动机和原则性，不再以外部行为或效果作为唯一的标准。初中学生在评价别人时已能一分为二地指出哪是主要的，哪是次要的，能注意到较全面地进行评价。有的学生能从实际出发，考虑到行动的时间、地点和条件，然后灵活地运用一般的道德准则来进行评价。

（三）重视对自制力等意志品质的培养

自我意识发展的另一个重要标志是，个体不仅能认识自己，正确评价自己，并且在一定程度上能够自觉控制和调节自己的行为，接受纪律的约束。

初中学生的意志品质发展得并不完善，其自我调节和自我控制能力也不很强。但是，他们对勇敢、刚毅、顽强、自制力等意志品质的重视达到了很高的程度。具体表现在努力参加体育运动，热心参加集体活动，自觉地完成学校和班级所交给他们的任务，并有强烈的责任感、义务感等方面。

初中生常见心理问题的分析

中学时期是成长发育过程的一个阶段,也是人生迈向成熟的一个重要阶段,然而在这一时期,由于身心发展不健全以及外在因素的影响使得中学生容易产生一些心理问题。心理问题严重影响到了中学生的正常成长和发展,我们只有正确认知这些心理问题,并提前预见和采取措施积极应对,才能为青少年的健康成长"保驾护航"。

一、叛逆心理

叛逆心理是指人们为了维护自尊,而对对方的要求采取相反的态度和言行的一种心理状态。叛逆心理是青少年成长过程中经常会出现的一种心理状态,是该年龄阶段青少年的一个突出的心理特点。

中学生产生叛逆心理主要有以下几点原因:首先,家长身上总是带有一些专制的传统思想,他们认为自己在家中就是权威,孩子要绝对服从自己,他们认为中学生的想法都是幼稚的。中学生没有自己独立感,他们与父母缺乏交流的平台,家长和孩子之间没有民主的对话平台,因此容易产生思想矛盾,引发中学生的叛逆心理。其次是家长对孩子的心理成长没有正确认识,他们缺乏相关的心理学知识,不能及时预见和引导中学生远离叛逆心理。最后,学校没能及时针对中学生展开心理知识普及和教育,没能让学生正确认识到自己。

二、自卑心理

自卑心理是中学生对自己过度不自信的一种表现,在实际生活中,畏首畏尾,随声附和,没有自己的主见,一遇到有错误的事情就以为是自己不好,过低估自己的能力，觉得自己各方面不如人。在性格上通常表现为害羞、内疚、忧郁、焦虑、失望。

这种心理问题产生的原因可能有以下几种情况：

（一）家庭经济情况，一些中学生由于自己家庭经济条件较差，和别人相比，在衣着、饮食、人情消费等方面都感觉自己很"没面子"，进而产生自卑心理。

（二）个人的成长经历情况，有些中学生在自己的成长过程中可能遭受过打击，没能及时走出心理阴影，时间久了就很难恢复对自己的自信，从而产生自卑的心理问题。

（三）个人的性格情况，性格内向的中学生对事物过于敏感，对一些消极事物和消极影响没能及时和恰当的宣泄和排解，在自己内心中不断放大。

（四）教师和家长没能及时预见和帮助中学生走出这种心理状态，会让中学生感到无助，缺乏交流对象，不能及时和自己信任的人交流，可能会使自己更加过低评价自己。

三、嫉妒心理

嫉妒是指人们为竞争一定的权益，对相应的幸运者或潜在的幸运者怀有的一种冷漠、贬低、排斥、甚至是敌视的心理状态。这种心理问题的中学生可能会有不怀好意的中伤他人，经常以自己为中心，不能正确认识到自己的不足之处。

导致中学生产生嫉妒心理的因素有以下几个方面：一方面是自己不能正确认识自己，不能正确的处理自己和同学之间的矛盾。盲目地攀比，一旦自己不如别人时，就消极怠工，不去从自身寻找原因，而是一味地怨恨别人，从羡慕到嫉妒，由嫉妒生恨。另一方面是家庭和学校没能提前预见学生的这种心理，以至不能及时帮助学生。即使一些家长和教师意识到了学生的这种情绪，由于缺乏心理学方面的知识，交流不当等，也不能帮助中学生摆脱这种心理问题。

四、正确应对中学生心理问题的建议

（一）家庭因素

家长是学生的第一任老师，家长应该把好孩子健康成长的第一关。中学生有自己的想法和认识，父母应该充分尊重和相信孩子，积极的与自己的孩子交流，家庭管理上应尽量采用民主的方式，帮助孩子健康成长。

（二）学校因素

教师应更加主动地和那些问题学生沟通和交流，转变教学观念，适当地缓解和调和学生的学习压力，充分重视学生的心理健康成长。另外，学校应加强学校心理咨询机构建设、管理、宣传。

（三）个人因素

积极和同学、老师、家长交流，充分相信他们，遇到问题积极向他们倾诉，努力寻求帮助。认真学习学校开设的有关心理问题的课程，以便正确认识自己，使学生自己有能力进行自我教育，当自己遇到问题时，可以及时正确处理。

五、处理案例分析

典型个案1：某女，初一，学习成绩优秀。因面部烫伤较丑，进入青春期后产生嫉妒貌美女生的心态，经常抑郁苦闷。曾几次想轻生、认为自己是世界上多余的，怨父母对她照顾不周，认为做人没有意思，不如趁学习成绩好给人留下一个好印象而告别人生，求得解脱。

这类学生不知人无十全，过份看重自己的弱点，容易产生心理不平衡。人的心理状态应该相对平衡，具有一定的稳定性。然而，这种平衡常会被争吵、歧视、侮辱、压抑等突发事件所破坏。这种心理尚未完全成熟的中学生很容易产生自卑、羞耻、怨恨、不满、甚至低下；重者，会变得呆（思维迟钝，记忆衰退）懒（四肢乏力，懒于读书做事）忧（忧人忡忡，对任何事提不起兴趣，甚至丧失

理智，做出意外的出格行为）。

典型个案2：某某，初二学生，原是眉清目秀，惹人喜爱的文娱骨干，擅长舞蹈。一次体重测量为100斤，她认为太胖了，将会影响自己优美的舞姿，开始节食。没几个月体重下降到68斤，而且拒食，有呕吐，消瘦脱形，无法坚持学习，只能求助于心理咨询。

这是一种多见于女青年的心理障碍。据调查，一般这类人从小有挑食、偏食的坏习惯。进入青春期后，片面追求苗条的体态，婀娜的身姿，就有意识地控制饮食。久而久之，导致消化功能减退，看到食物恶心。

典型个案3：某某，初二男生，因其父是知青，政策允许他到城市寄住祖父母家。该生见人腼腆，遇生人或校领导更局促不安，如遇女性，会手足无措，面红心悸，交谈时口吃，惹同学嗤笑；性格内向，孤独，同班中无知心好友，严重时，心烦意乱，消沉苦闷，经常失眠，纳呆。他多次要求中止学业，回农村父母身边。

这是典型的社会适应障碍。失眠、纳呆、心烦意乱、精绪抑郁、学习效率低下，就是社会环境适应不良，人际交往困难的表现，加之性格内向孤僻，更易造成心理偏异，甚至缺陷。一个人能和环境保持和谐的关系，这就是适应。据了解，这学生原在农村，很适应，学习成绩冒尖，只是较为内向。到了新的环境，遇到新的人际关系，形成了抑郁、焦虑，加上言语不通，又因幼年模仿和生急时口吃的坏习惯，因而产生人际交往障碍。笔者曾对中学生的伙伴交往作了一次抽样调查，发现孤独型学生占被测学生的10%。这中间，有些人在学校里是"小哑巴"，而在家庭中却是"小喇叭"。这就是"公众场合恐惧症"。还有青春期的异性交往也存在着不少情况。总之，青少年在人际交往方面，确实存在诸多的心理与行为问题。

典型个案4：某某，女，初三，父母对其期望过高，心理压力很大，造成应试恐惧。考试前、中出现心悸、胸闷头晕，有时伴有腹泻，痛经，记忆再现困难，见题脑中一片空白，无法抑制自己的紧情绪，考下来的成绩可想而知，不仅父母焦急，其本人也很担忧。

青少年学生的烦恼集中于学习问题，他们的情绪、心境也随着学习成绩的好坏而转移。因此，我们心理保健的重点应放在有效地提高学生学习能力，教会他们掌握学习方法，端正学习态度上，笔者在咨询服务中碰到最多的是这类问题。有的学习通道障碍，把"辅导"写成"导辅"，写字缺行，发音不肖，讲话像幼童一样困难。据美国神经病学家奥尔顿研究，认为这些学生智力正常，视听觉器官没有毛病，可能是大脑左右半球功能联系障碍。这类学生考必会产生心理压力，望考生畏，最后造成恐学、厌学、甚至逃学。

典型个案5：某某，男，初三，外表文静有礼，但内心非常痛苦。诉说其每次作业反复检查十余次，生怕遗漏出错，在家反复洗手，重复关门，生怕疏忽大意。寄封信，要拆了粘，粘了再拆，反复拆封十余次还不罢脱。

这是强迫行为，无意义的想法无法排除。此类同学外表正常，但对其强迫行为难以摆脱，思想苦闷，情绪忧郁。据资料表明，此症多见于16-30岁，男性多于女性，其中三分之一的人具有强迫性格缺陷：过分怕脏，过分细心，过分不放心，过分穷思竭虑。

因为人的心理千变万化，就中学生心理障碍而言，还有许多表现，这里例举常见的、典型的症状，供研究参考。

六、从典型个案中引出的思考

思考之一：这些典型个案足以表明，有相当一部分中学生存在着明显的心理与行为问题。大约10-20%的青少年存在程度不等的心理缺陷，表明在性格、情绪和行为的偏异，导致社会适应不良。为此，对青少年的心理行为偏异要早期发现，早期诊断，早期矫治，使其适应学习与社会生活。在现实生活中，中学生往往会在需要与可能之间产生矛盾，引起心理冲突；在需要与目标之间产生矛盾，引起心理压力；在压力与随力之间产生矛盾，引起心理对抗。这些矛盾激化的结果，容易导致青少年的心理障碍。所以，我们要助人自助，教会中学生自我调节，以减少冲突，降低压力，转移对抗，达到新的心理平衡。

思考之二：在实践中，中学生常见的心理障碍大致有两类：

1. 有轻微心理失调。如有的学生情绪波动，时而热情豪放，时而郁郁寡欢；有的学生脾气暴躁，冒险逆反；有的学生孤独寂寞，意志消沉，有的学生依赖从众，情感脆弱；有的学生自卑烦恼，多思多虑；有的学生嫉贤妒能，难以自控；有的由过分紧张、焦虑而引起学习困难，有的由体象变化、异性交往、情感误区引起青春烦恼等等。

2. 有轻度心理疾病。如神经衰弱，社交恐怖症，紧张焦虑症，强迫症、抑郁症、神经性厌食症，或由人际危机、情感危机、学习危机引起轻生念头等等。当然，还有一类是严重的精神疾病，如精神分裂症、精神幼稚病（低能），情感性精神病乃至变态人格、性变态等等。这些人已无法从事正常的学习和活动，需住院或长期治疗。但是我们的心理辅导重点应该放在第一类心理障碍上，因为它是大量存在的，但往往为人们所忽视，它不仅构成对心理健康的严重威胁，而且潜伏着进一步恶化的危险。为此，更要给予认真的咨询与矫治。

思考之三：躯体无疾病，心理无疾病，具有社会适应能力是国内外公认的"全面健康"三要素，这里，心理健康、社会适应性是人们智力发展和脑功能健康的重要标志，是确立人生观、世界观，培养良好心理素质的基础。我们讲的"社会适应"是指具备人际关系协调能力，在纵横交错的人类群体中，能应付各种不同的人际关系，具备处理和适应家庭、学校和社会生活的能力。目前，许多中学生人际关系紧张，应对能力很差。往往会产生苦闷、胆怯、猜疑、多虑、孤独、易怒或情绪抑郁等等心理障碍。这些性格和情感上的问题常常是心理不健康的重要栲，它使心理活动偏离正常状态。遗憾的是，对青少年的心理障碍还没有引起学校领导和教师的足够重视，往往把中学生的心理障碍当作思想品质问题，甚至错误地给予行政处分，这是完全不对路的。

思考之四：对中学生心理障碍预防对策的建议：

1. 加强心理教育：这是提高学生心理素质的基本形式，其最终目的是保护和促进人的身心健康。因此，讲课内容不仅是普及心理卫生知识，还要矫正学生心理困惑的认识结构。为讲课有针对性，必须通过座谈，了解学生对心理保健知识的掌握、要求和问题；通过调查测试，分析受试者的心理障碍、偏异情况，然后讲知识、讲保健、还可以与学生共同对心理问题进行剖析交流、专题讨论，以联系实际对他们进行心理健康与修养的教育。

2. 加强心理咨询：这是帮助受询者克服在人生道路上可能遇到的心理障碍，使他们能适应社会生活，处理好人际关系，顺利完成社会角色转移。心理咨询要取得良好效果的关键在于咨询员对来访者要给予信任，给予理解，给予换位（即设身处地，将心比心）。咨询过程中，咨询员还要动之以情，要遵循聆听（让受询者宣泄）、保密（有些深层内容要绝对保密）、疏导（对其提出的特殊问题作面对面的指导）原则。相互信任是咨询取得成功的基础。咨询过程是双方情感和心理交流的过程，只有这样方能取得消除精神压力，达到心理转化的效果。

3. 加强心理治疗：心理医生有意识地和困于心理问题的患者建立关心、尊重、了解和指导的关系，并依他那问题的需要，使用适当的心理矫治方法，减轻或消除个案的不适应的心理现象及行为，培养适应习惯，促进健全成熟的人格发展。

现代中学生的心理教育方法

一、中学阶段学生的心理矛盾

中学阶段是学生长身体、长知识、长智慧的时期，也是其道德品质与世界观逐步成行的时期。在这一时期，中学生面临着生理、心理上的急剧变化，加上学习紧张和环境陌生，很容易产生心理上的不适应，引起心理矛盾。这些矛盾归纳起来，大体有下面几种：

（一）美好愿望与心理准备脱节的矛盾。

中学生大多都有美好的愿望，他们幻想自己将来做一个科学家、企业家、领导干部，但有些学生学习不努力，得过且过，他们追求的全是实现理想后的种种荣誉与享受，而对实现理想需要从现在做起，需要付出艰苦的劳动，却想得很少，做得不够。

（二）浓厚的享受意识与劳动观念淡薄的矛盾。

由于生活水平的不断提高，家长对子女的宠爱，使得中学生的消费欲望与日俱增。他们吃零食，穿高档衣服，过生日请客送礼。但这些学生轻视劳动，坐享其成，不懂得什么是应尽的义务和责任，不懂得只有劳动才能创造财富。

（三）心理闭锁与渴求理解的矛盾。

随着年龄的增长，自我意识的发展，他们发现同龄人有更多的共同语言，于是，他们愿意对"知心朋友"或"日记本"说心里话，不愿意同长辈交流感情、透露内心世界，实行自我封闭，因而常常产生孤独感。他们普遍认为老师、家长对其不理解，热切盼望得到别人的理解。

（四）独立意识与依赖心理的矛盾。

中学生随着自我意识的增强，他们渴望独立，对婆妈式的说教及过分关心会产生反感，个别人会顶撞家长及老师，甚至对学校、社会产生反抗情绪。但同时他们又缺乏必要的知识和能力，在经济上、生活上和心理上又要依赖父母、老师和学校。

（五）情感与理智的矛盾。

中学生的情感极易受到外界的影响，容易冲动，或因小的成功而狂喜，或因小小的失败而心灰意冷，或因鸡毛蒜皮争得面红耳赤。他们的情绪、情感经常处于大起大落的状态，难以及时地用理智加以控制。

（六）信息视野的扩大与鉴别能力不足的矛盾。

随着时代的进步、科技的发展、物质生活的改善，信息交流日益频繁，广播、电影、电视、网络等视听工具被广泛应用。中学生好奇心强，他们广泛涉猎，积极探究。但由于他们鉴别能力还不强，对事物的认识往往显得偏狭，容易被表面现象所迷惑，出现认识的混乱。因此，不健康的思想意识，就很容易进入他们的心灵，影响他们的成长。

二、当前中学生中普遍存在的心理问题表现

综合各方面资料，笔者认为当前中学生中普遍存在的心理问题表现为以下几个方面：

（一）情绪方面的极不稳定，喜怒无常。 脾气大、焦虑、抑郁；自尊心过强，性格孤僻古怪，不合群；爱猜疑、易嫉妒、易愤怒。当其情绪喜悦时，学习积极性高涨，与别人相处和谐；当其情绪烦躁忧郁时，学习积极性低落，与别人难以友好相处，甚至出现逃学、打架、斗殴等现象。

（二）意志方面一般为优柔寡断、虎头蛇尾，自制力差，易受暗示。当其情感冲动时，自制力较差，不能正确对待自己和控制自己，当外界诱因强烈时，容易动摇。当学习中碰到困难，生活中遇到不顺心的事时，就表现为悲观、失望，甚至退缩，意志崩溃，破罐子破摔。

（三）性格方面的因素是中学生心理问题中较为典型的一种，一般表现为：

1. 自私狭隘型，常为一点小事而跟别人闹意见，斤斤计较，并且在很长时间内不能自解脱，甚至耿耿于怀；

2. 自大自负型，自以为是，瞧不起人，缺少对别人的欣赏与尊重，且受挫能力差；

3. 自卑怯懦型，这类人较为孤僻，不合群，做事优柔寡断，唯唯诺诺。

4. 恐惧、悲伤、冷漠、自卑、自信心较差；固执、易受挫折；撒谎、偷窃、欺骗、斗殴骂人。

（四）异常心理表现突出：自卑，退缩，无安全感；攻击性强，敌对，冲动，性情易变，抑郁；非友好的不服从，对现实缺乏挑战的勇气，精神非常脆弱。

（五）青春期综合症。表现为：

1. 中学生进入青春期后，随着生理的发育发展，心理上也发生变化。一些学生情感上有了纠葛，情绪变得不安和烦躁，有时感到孤独、忧虑和苦闷，抑称为青春烦恼；

2. 从某个时候起很快失去学习的兴趣和意志，打不起精神听课，称为青春抑郁，还有青春期幻想与所谓的"早恋"的问题等。

一方面生理的发展变化，带来心理的发展变化，使中学生具有情绪不稳定，容易冲动，自控能力差，做事不考虑后果的特点；另一方面多种特殊家庭类型的产生，离婚家庭，单亲家庭。特殊家庭给孩子带来的消极影响是十分明显的，由于这些孩子过早地失去了正常的父母之爱，过早地承受了人间的悲欢离合，其智力、性格、情绪和社会性的良好发展受到压制或扭曲，并造成学生学业成绩下降，思想道德品质下滑，而且也导致行为异常和心理偏常。这是当前中学生心理健康问题特别突出的社会背景。

这就要求班主任在工作过程中，要以教育心理学理论为依据，注意工作的针对性、灵活性、预见性和创造性，有的放矢地加以正确地引导、扶持、帮助和教育，这些学生所谓心理问题是能够得以纠正与调整的。

三、对于中学生心理教育的方法

心理教育方法一：教育学生认识自己，接纳自己

中学生有复杂的心理矛盾，但他们都是无意识的，不知道为什么会这样，更不必说去纠正自己不健康的心理。因此，班主任要给学生上心理健康辅导课，让学生知道自己所处阶段的生理特点和心理特点，使学生对自己有个正确的认识，指出他们平时不健康心理的具体表现，告诉他们健康的心理应该是能正视现实、了解自己、善与人处、情绪乐观、自尊自制、乐于工作的，让他们对照健康心理的条件客观地进行自我评价，重新认识自己，接纳自己，知道应该做怎样的努力，才能不断发展自己，完善自己。

心理教育方法二：开展良好的集体活动

良好的集体活动是富有教育力和感染力的课堂，它能使学生在活动中消除心理障碍，相互沟通，它能使师生在互动中产生潜伏的积极影响，同时它还有利于教师在活动中发现问题，解决问题。

针对一部分学生缺乏恒心、毅力、对学习存在惰性，从而使他们智力因素受到极大束缚的特点，班主任可以开展"学习为了什么"、"磨砺坚强的意志"等主题班会，帮助学生制定了不良学习习惯治疗卡，制定了系列监督机制，并配合"学习竞争伙伴"、"进步之星"，经验交流会等活动，使学生的自信心和积极性得到极大提高，在活动中，非智力因素对智力因素起到动力、定向、引导、维持、调节、控制和强化的作用，一定程度上抑制了学习两极分化的局面。

心理教育方法三：自信培养

针对一部分学生缺乏恒心、毅力、对学习存在惰性，从而使他们智力因素受到极大束缚的特点，通过合作训练，培养学生抗压、抗挫折的心理品质，克服脆弱心理。如开展评比"先进宿舍"、"先进学习小组"、"亲密无间的同桌"等活动，由班委会发起，向全班同学征集评比方案，选出评审小组，最后将结果列上光荣榜。这项活动能培养学生积极向上的心态，培养集体主义和合作精神，达到行动自律的目的。

心理教育方法四：情感训练

通过情感训练，培养学生活泼开朗的心理品质，防止闭锁心理。笔谈交心是行之有效的一种方式。如开展与单亲家庭学生"手拉手"活动。让一名单亲家庭的学生与多名学有所长，富有爱心的学生组成"手拉手"互助小组，一起讨论问题，一起谈心，遇到困难，大家援助解决。对于特殊家庭的孩子，班主任应做到"特别的爱给特别的你"，"爱着孩子们的爱，梦着孩子们的梦，快乐着孩子们的快乐，痛苦着孩子们的痛苦"。"蹲下来做孩子们的朋友，站起来做孩子们健康成长路上的明灯"。亲近孩子，可以打开通向孩子世界的道路，为教育创设一个必要而科学的心理软环境。

心理教育方法五：发挥同龄共振效应，教会学生自我心理保健

南北朝著名教育家颜之推说："人在少年，神情未定，所与款狎，熏渍淘染，言笑举动，无心于学，潜移默化，自然似之。"这说明了学生容易受所处环境影响的心理特点。基于当前时代发展的特点和教育现状，有人得出这样一个不等式：

教师影响＋家长影响＜同龄共振

提高学生的心理素质，促进学生全面发展，现在的学生愈加重视朋友关系，因为这种关系可以敞开心扉、诉说烦恼，这恐怕是一般家长和教师所企望莫及的。我们认为这是一种正常现象，说明一个心理健康的学生可以影响他周围的许多同龄人。我们要很好地利用这一点，在学生中树立好的榜样。榜样的力量是巨大的，让他们发挥同龄共振的作用。当然有心理障碍的学生也会有传染性，我们要教会学生自我心理保健：了解自我，包括自己的长处、兴趣、能力、性格，以及不足和缺陷；接受自我，既不过高估计也不自欺欺人；认识现实，正视逆境，具有遇事不乱、应付自如的心理品质；自信待人、自尊尊人、自助助人，建立良好的人际关系；劳逸结合，科学用脑，提高学习效率；保持健康的情绪，借助释放、升华、转移、自慰等方式克服不良心境；积极参加课外活动，丰富学习生活。学习掌握了一些自我心理保健的知识，可以预防那些不健康心理的影响。

总之，心理健康教育不是班主任工作的全部内容，但在班主任工作中加强学生心理健康教育和辅导，是学生身心发展的客观需要，也是社会变革和发展对班主任工作的新要求。要做好这项工作，还需要多方面的积极配合，通过多处渠道的综合作用，才能真正提高学生的心理素质，促进学生全面发展。

初中学生学习特点的分析

初中学生学习问题始终是一个永远存在的讨论话题，想要对初中阶段有效教学方法进行研究，必须先明白初中阶段学生的学习特点和方法。

一、初中生的学习特点

初中学习是人一生之中的重要人生历程。初中是由小学向高中过渡的时期，学生的身心发展也由少年期向青春期过渡，他们可塑性大，既是掌握基础知识、基本技能的最佳时期，又是为今后发展创造条件的重要时期。与小学阶段的学习相比，表现出以下明显的差异：

（一）学习内容逐步深化、学科知识逐步系统化

学习的课程门类逐渐增加，内容也逐步加深。小学期间，学生的学习内容是比较简单的，学科也相对简化，主要学习语文、数学等最基础的课程。进入中学以后，学习的内容发生了明显的变化。学习的课程门类逐渐增加，内容也逐步加深。语文、数学、英语这些小学曾学习过的课程，由直观的、感性的、零碎的知识点变成了更为完整、系统的知识体系，并更加突出能力要求；同时，物理、化学等课程相继开设，历史、地理、生物等人文社科知识也成为重要的学习内容。这些学科知识对于初中学生来说，都是必需的文化素质积累，这就使初中生的学业负担客观上大大增多了。老师的教学也越来越注重传授知识的严密性和注重学生思维方法、思维能力的培养，除要求学生识记大量的定义、原理等知识点外，更重要的是培养学生掌握运用知识的能力。

（二）学习成绩分化日趋激烈

学习量的增加和内容的不断加深，加上初中学生心理的波动和生理的变化，使得初中生的学习成绩波动很大，同时出现激烈的分化。主要表现在以下几个方面：

1. 小学阶段的学习成绩和初中成绩相关不大。

根据有关专家的研究，在小学是学习尖子的学生，进入初中以后继续保持领先的情况大大减少；相反，有些小学时被认为成绩不好的学生，往往后来居上成为学习冒尖者。而初中阶段的学习成绩却与高中学习呈明显相关。

2. 初二年级往往出现比较明显的学习"分化点"。

一般来说，经过初一的学习适应和调整，学习习惯和方法基本形成定势，成绩的差异逐渐明显。尤其到了初二年级，随着学习内容的加深，物理等自然科学课程相继开设，对学生逻辑思维能力要求越来越高，智力在学习中的作用也表现得越来越突出，这时学习开始出现好的更好，差的更差，好与差的差距被越拉越大的状况。

3. 学习成绩与付出所呈现的差异。

学习优秀的学生由于能够合理地安排时间，方法得当，事半功倍，学习往往显得轻松自如而依旧学有余力；学习较差的学生穷于应付，事倍功半，却学得越来越吃力，学习变成了沉重的负担。这种对待学习是否轻松的状态，是判断学生学习潜力的重要依据。

（三）学生在学习中的自主能力日显重要

进入初中以后，学生在学习上的独立性逐步增强。课堂教学中，教师比较注意启发学生独立思考问题；课堂教学外，学生更多的需要自觉地独立安排自己的学习活动。而在家庭教育中，家长对孩子学习的直接帮助也逐渐减少，不少家长也因为孩子学习难度的增加而显得力不从心。因此，自学能力的强弱对学习成绩的影响明显增强，学习依赖性强的学生成绩往往每况愈下。应该及时指导学生充分利用小学阶段已经形成的良好学习习惯，使他尽快适应初中学习的要求，并帮助其形成初中阶段相对独立的学习能力。对学生的指导更多的应侧重于学习方法和学习意志品质的培养。

（四）学习的自觉性和依赖性、主动性和被动性并存

相对来说，初中学生的学习自觉性和主动性有所增强。但是，在这方面学生之间存在显著的差异。许多学生的自觉性和主动性还不能持久保持，教师和家长的管理稍有松弛，就会无法自制，把学业抛至脑后，从而导致学习成绩的下降。随着学生年龄的增长、心理的变化，电脑游戏、武侠小说、通俗言情小说，乃至有些不健康的读物都会对学生产生极大的诱惑，成为影响学习的因素。有些学生自制能力比较脆弱，还会沉迷其中不能自拔，严重影响学习。自觉性、主动性比较强的学生就能保持相对持久和稳定的学习状态。总体看来，初中生还处在自觉性和依赖性、主动性和被动性并存的年龄。家长要注意经常帮助孩子排除干扰，引导他们形成良好的兴趣，明确学习的目标，使他们的自觉性和主动性得以巩固。

二、初中学生的学习方法

初中阶段的学习主要还是基础知识、基本能力的学习和培养，虽然智力在学习中的作用日益明显，但非智力因素依然发挥着十分重要的作用，影响初中生学习的非智力因素主要有学习的习惯、兴趣、动机、情感、意志等。

俗话说，"习惯成自然"，良好的学习习惯对学习有着重要的促进作用。比如：课前预习新课的习惯，可以在教师教授新课之前大致了解课程内容，有助于把握重点带着问题听课，从而提高课堂学习的质量；作业认真书写的习惯，不仅

可以保证作业的美观整洁，提高作业的质量，还能够培养一丝不苟的严谨作风。反之，不良的习惯也会成为学习进步的绊脚石，不少成绩比较差的学生，脑子都不笨，但往往上课心不在焉、作业马马虎虎、做事丢三拉四。

（一）抓住课堂四十五分钟，学会听课

听课也有不少学问。学会听课，对初中生的学习进步至关重要。课堂学习是学习的最主要环节，四十五分钟课堂学习效益的高低，某种程度上决定着学生学习成绩的好坏。也许有的家长和学生会想，每个人都有一双耳朵，听课谁不会呀。其实不然，听课也有不少学问呢。学会听课，对初中生的学习进步至关重要。

首先，要集中注意听。心理学研究表明：注意能够帮助我们从周围环境所提供的大量信息中，选择对当前活动最有意义的信息；同时，使心理活动维持在所选择的对象上，还能使心理活动根据当前活动的需要作适当的分配和调整。所以，注意对于学习尤为重要。集中注意、专心致志才能学有所得；心不在焉、心猿意马往往一无所获。

其次，要带着问题、开动脑子听。有些同学听课不善于开动脑子积极思维，看似目不转睛，但一堂课下来心中却不留痕迹。俗话说：疑是一切学习的开始。带着问题听课，就能使听课有比较明确的目标和重点，增强听课的针对性，从而提高课堂学习效率；带着问题听课，还能促使自己积极动脑，紧跟老师的教学节奏，及时理解和消化教学内容。

再次，要积极举手发言，认真做好笔记。教与学应是双向交流、互相促进的。学生在课堂中，应该积极主动地参与教学。积极举手发言就是一种参与，它既能较好的促使自己专心听课、动脑思维，还能锻炼语言表达能力。

"不动笔墨不读书"、"好记性不如烂笔头"，都是说边学习边动笔的好

处。笔记不仅是学习新知识的方法，也是复习旧知识的依据，同时我们还可以从笔记中发现新的问题。很多家长感到对孩子在学校里的学习无从了解和把握，其实，每天查看一下他们的课本和笔记，就是一种好方法。

（二）合理安排时间，有计划地进行学习

时间是个常量，需要合理安排；学习是艰苦的劳动，也是有规律可循的。

1. 几个需要家长引导孩子处理好的关系：玩与学的关系，主与次的关系，发展兴趣和打好基础的关系

这里，家长必须帮助指导孩子处理好以下几个关系：

首先是处理好玩和学的关系。学习是初中学生的主要任务，主要的时间和精力自然应该花在学习上。但是，学习又不是初中学生生活的全部，初中学生精力充沛、兴趣广泛，适当和有益的活动，包括"玩"也是他们生活的重要组成部分。有些家长只注重孩子的学习，把孩子的闲暇时间安排得严严实实，不让孩子有娱乐和活动的时间；有些家长却对孩子的课余活动放任自流，这都不利于学生的学习进步和全面发展。要指导学生学会劳逸结合，学习时专心致志、静得下心来；活动时生龙活虎、放得开来。学习和玩不仅是不矛盾的，而且可以相得益彰。

其次是处理好主和次的关系。初中阶段学习知识的密度大大增加、学习知识的广度也大大增加，这就需要学生能够处理好各种知识内容之间的主次关系。学科之间有差异，基础学科、工具学科是初中学习的重中之重，直接影响其他学科的学习，一定要学得扎实。学科内容本身也有主次，概念、原理及其形成是主，知识的灵活运用是主，自己学习的薄弱环节是主，在学习的过程中应该花更多的时间和精力。

再次是处理好发展兴趣和打好基础的关系。兴趣是学习动力产生的直接原因，孩子对哪一门功课感兴趣，这门学科也就往往能够取得比较好的成绩。但是，初中学生思想和心理还不够成熟，兴趣也往往不够稳定，有些孩子对兴趣的理解也比较片面。表现在学习方面主要有以下情况：一会儿喜欢这，一会儿喜欢那，见异思迁，结果什么也没学好；光凭兴趣学习，自己认为不感兴趣的就敬而远之，结果就成了"跛脚"。其实，初中的学习是整个人生学习的基础，首先要学好每一门功课，初中学习过了关，高中阶段就可能比较顺利；即便是通常被认为是"副课"的历史、地理、生物等学科，实际上都是将来社会生活中必不可少的。所以，培养兴趣必须以打好基础为前提。

2. 遵循记忆规律安排学习

最早用实验方法研究记忆规律的心理学家艾客浩斯发现，学习刚结束，遗忘就相伴开始了。第二天忘得最多最快，第二天需要复习的时间较长，如果第二天复习了，第三天就遗忘少了，需要复习的时间也较短；如果第三天复习了，第四天遗忘得就更少了……。总之，遗忘呈现出"先快后慢"的规律。这规律给我们指导孩子的学习提供了重要的依据。

及时复习。初中生学习存在一种普遍的倾向，就是随学随丢，做完教师布置的作业了事。到考试时，临时抱佛脚，从头开始复习。要改变这种前学后忘，到后面问题成堆的现象，关键要做到"及时"，特别是对于那些字母符号、公式、外语单词等意义性不强的学习材料，一定要做到趁热打铁，及时复习。这好比在堤坝塌方之前，及时加固，要比垮了再修，付出更小的努力。

分散学习。"及时复习"固然重要，但也不能"一劳永逸"。学习的规律告诉我们，分散复习比集中复习效果更好。以学习外语单词为例，如果当天学习了20个单词，一位同学在当天晚上集中复习一小时，加以巩固；另一位同学当晚复习半小时，第二天再复习15分钟，第四天复习10分钟，一周后再复习5分钟。结果后者记忆的效率明显高于前者。利用分散学习的道理，家长可以指导孩子采用"卡片"复习的方法。例如复习英语单词，把卡片分为左右两边或正反两面，分别写上中文词义和英语单词，然后自制七个袋子或信封，每袋内放置一周中某一天应复习的卡片，复习时，用手遮住一面，回忆另一面的内容。当天复习以后，就放入隔天的袋里，以此往复有规律地交替复习，效果十分明显。其他如数学公式等各种知识均可用卡片来进行复习。

过度学习。我国著名科学家茅以升在83岁高龄时，仍能熟练背诵圆周率小数点后一百位，别人问他有什么好的记忆方法，他回答说："说起来很简单：重复！重复！再重复！"在学习中，我们都有这样的体会，我们记忆某些内容，到刚能勉强背诵时就停止了学习，结果过了不久就不会准确回忆。如果能"一鼓作气"，再多学几遍，效果就大大提高；而且这样熟练的记忆，保持时间也特别长久，这就是"过度学习"。一般而言，过度学习保持在50%-100%范围内。举例子说，背诵一首唐诗，如果用十遍刚好能基本背出，那么最好能再读3-6遍，这样就能烂熟于心，倒背如流了。过度学习要与及时学习和分散学习有机结合起来。

第二篇
教师提高自身素质和专业发展的有效方法

怎样提高教师的思想政治素质

21世纪是以高科技为基础的信息时代,是高速、快节奏、竞争激烈的时代。未来教育面临的最大的挑战不是技术,不是资源,而是教师的素质。教师素质是决定教育成功的重要因素。现代教育家苏霍姆林斯告诫我们:"请你记住,你不仅是自己学科的教员,而且是学生的教育者、生活导师和道德的引路人。"不错,德育工作是学校教育的重要环节,它的实现关键同样是教师,近几年青年教师已渐渐的担当起教书育人的重任,如何提高教师的思想政治素质具有重要意义。

一、提高教师思想的政治素质教育

学校不仅是培养学生促使学生发展的地方,也是培养教师促使教师发展的地方。教师队伍建设是学校整体发展的目标,不是一时一事的临时行动,它应该是持久的,符合学校发展需要的。

1.学校一方面要通过各种培训、讲座、报告等方式使教师增强自身专业素质的意识,提高自身的工作质量和水平的观念。另一方面通过讨论、交流、对话等途经设法营造"工作中进行研究"的气氛,以此激发教师的冷思考,在反思经验与教训中提高自身素质。

2.要关心教师的工作和生活,根据学校教育教学目标,帮助教师解决在教学、学生管理等多方面所面临和存在的实际问题。

3.发挥老教师的"传、帮、带"作用,老教师是学校宝贵的财富,选师德好、业务强的老教师做青年教师的指导教师,对青年教师进行"传、帮、带"。

这对青年教师的健康成长能产生良好的影响和促进作用。

4.学校要创造条件让教师学习新的教育思想、教学方法、鼓励教师参加各种专业开发和科研，以热点"沙龙"式座谈，创造平等轻松的交流环境，提高教师参与学校管理的积极性和教学业务能力。

5.学校要提高教师的社会责任意识，建设一支思想政治强、业务精、作风正的思想教育工作队伍，使优秀人才脱颖而出，特别是青年人才更快更好的成长，逐步造就一批有影响的各类专业人才是做好思想教育工作的组织保证。

二、不断提高教师的自我认识

教师要能够认识自己，找到自己所存在的问题和各方面的不足，摆正自己的位置，不断用新的知识充实自己，加强道德修养，不断提高自身的思想政治素质。

首先，教育是责任，作为一个教育工作者，这种责任表现在对学校、学生、家长、社会负责。

其次，教育是信任，作为一个学生教育工作者，必须要对学生充满信任和信心，允许他们有个性的发展，教会他们信任是最好的朋友，信任可以让他们在成长中得到美好的回忆终生享用。

再次，教育是爱心，作为一个教育工作者应该树立："教育者，爱胜过一切。"的思想，教育工作者需要花费大量时间和精力，有了爱你才会舍得付出。真正做到严与爱的有机结合。

三、坚定忠诚党的教育事业的思想

教育的工作之所以神圣而伟大，因为她是塑造人类灵魂的，教师的世界观、人生观、价值观将对学生心灵的塑造产生深远的影响，因为"你要教育学生成为什么样的人，你自己首先就要成为这样的人"（车尔尼雪夫斯基）、"教师是给人以巨大影响的有权威的贤人"（加里宁）、"教师的人格对年轻心灵影响，是任何教科书、任何道德箴言、任何奖励和惩罚制度都不能替代的一种力量"（乌申斯基）。忠诚党的教育事业、献身教育事业就是教师的魂。教师的价值在于奉献。在开展铸师魂活动中，我们坚持用科学的理论武装人、用模范典型人物的事迹教育人、用正确的集体舆论鼓舞人。

1. 用科学的理论武装教师

教师的崇高思想道德的培养是以马列主义、毛泽东思想及邓小平建设有中国特色的社会主义理论为基础的。我们坚持理论联系实际，着力解决好教师思想认识上的难点问题，实际生活中的热点问题，如我们结合学习市场经济理论，引导教师正确认识市场经济对道德价值观念的影响。作为教师，树立什么样的道德观念，采取什么样的行为方式，将直接影响着下一代的进步和成长。通过学习讨论使教师正确处理个人利益与国家、集体利益的关系，确立社会理想和职业理想，把教育当作自己终身从事的一种事业，而不是一时谋生的职业，在教书育人的社会贡献中实现个人价值。

2. 用模范典型人物事迹教育教师

开展学习学习身边的榜样活动，树立了教师典型，他们为了发展学校教育事业，安贫乐教，不为外界优厚待遇高薪相聘所打动。在这个艰苦的工作岗位上，在学校办学条件比较困难的情况下，坚持电化教学的实验研究。在他们的影响带动下，爱事业、爱岗位、苦练功、乐进取蔚然成风。

3. 用正确的集体舆论鼓舞教师

大力提倡教师的价值在于奉献，提倡"校荣我荣，校衰我耻"的集体主义精神。通过先进模范人物报告会，使教师懂得人为什么活着，什么样的人生是最有意义的人生。开展"做主人，无私奉献在校园；当园丁，辛勤耕耘在课堂"的活动。

在教工中开展"三育人"评选活动和文明科室达标竞赛活动,组织青年教师开展"教师职业道德"演讲、论辩活动。收到了较好的教育效果。

四、塑造为人师表的教师形象

师德最集中的表现在教师爱、教育爱。这种"爱"博大无私、深沉久远。没有这种"爱"就谈不上为人师表。我们是从加强思想政治工作,端正教育思想,提高教师心理素质等几个方面狠抓师德修养的。

1. 加强思想政治工作

教师的师德修养是内功。只有将"为人师表"转化为内在需要时,教师才能不断完善自己。每日"三省"自己,勇于批评与自我批评,自觉进行个性修养,然而这种稳定的心理和良好的品德形成,却需要一个过程。尤其是青年教师,在他们身上普遍存在着重个性发展,轻个性修养的倾向,行为习惯不尽人意。有的年轻教师需要从基本的待人接物、文明礼貌开始补课。面对道德修养的不同层次,需要大量的个别思想教育工作,需要开展多层次的活动,这不是一两次报告说教就能完成的。它需要长期的、反复的、耐心细致的思想政治工作。学校党支部、工会、共青团在这方面发挥了独特作用。

2. 端正教育思想,确立素质教育观

教育思想的核心内容包括教育观、教学观和学生观。教育思想决定了教育的德育水平和效果,同时确定着教师自身职业道德的发展方向。对此,我们以更新观念,树立素质教育观,确定"三个面向"的新的人才质量观为重点进行思想教育,帮助教师端正教育思想,摆脱分数的束缚,跳出片面追求升学率的怪圈。使"两全"真正落到实处,使学生的身心健康得到充分重视,健全人格的培养塑造摆上了重要位置。

3.提高教育的心理素质作为教师，修身养性，人格修炼是师德建设不可缺少的。

因为个性修养决定教师的精神风貌。教师心理素质直接影响德育的效果。其主要表现在自我评价和心理调控。为培养教师健康的心理素质。我们提出以下几方面要求：一是要胸怀宽阔，克服心理偏见。能够容忍学生的无知，宽容学生的过错，能全面发展地看问题。在德育过程中，注重超前教育，水没到，先修渠，循循善诱，不惩罚学生。二是要保持稳定的情绪，不断提高自己的自控能力，教师在教育过程中表现出来的沉着、自制、耐心、果断、坚强的意志品质，激发学生坚韧不拔的毅力和百折不挠的精神，使他们体验成功与失败，欲望与信念，行为与思想等方面的矛盾并使之统一，促进其心理健康发展。三是保持乐观的心境。教师每天都应该精神饱满地出现在学生面前，高高兴兴地生活在学生中间，以乐观向上的精神感染学生。对自己所教学科表现出极大兴趣和强烈的责任感，这样才能引起学生的学习兴趣，使学生热爱学习，主动投入。同时，将自己的道德情感融于教学内容之中。激发学生的道德情感。

教育是服务，就是对工作用心细密，就会认真周密地考虑各种问题，教育工作者要将服务体现在日常工作中，做有心人，让责任、信任、爱心和服务始终陪伴着我们，这样才能使学生教育工作者拥有凝聚力、拥有活力。

教师思想政治素质的培养是一项艰巨复杂且长期的工作，要真正成为未来教育教学工作的主力军，要求我们要根据工作中出现多种问题，提出相应的对策，完善教师培养机制，最大限度激发教师的工作热情，赋予他们足够的工作自主性，充分发挥创造性的潜能并愉快的教学，从而进行创造性教学，使广大教师能适应未来社会和未来教育的要求，使他们成为道德优、知识专、思想新的一代教育工作者，从而使教育迈上一个新的台阶。

浅谈提高教师职业道德修养途径和方法

教师职业道德修养既影响教师素质的发展,又影响学生的学习和发展,而勤奋学习,认真实践,严于律己是提高教师职业道德水准的根本途径;组织保障、交流学习、优化环境、创新驱动则是提高教师职业道德修养的方法。因此,加强教师职业道德修养显得尤为重要和迫切。

师德是学校的立足之本,是一个学校的灵魂,是教师在从事教育教学工作中逐步形成的道德观念、道德情操、道德行为和道德意志,是教师应该具有的优秀的人品。教师不仅是知识的传播者、智慧的启迪者,更是精神的熏陶者、人格的影响者和道德的体现者。教师职业道德修养是教师自我认识、自我锻炼、自我改造、自我提高的过程和结果。教师职业道德素质的好坏直接影响学生的素质,间接地影响到整个社会,对社会主义精神文明的建设起着积极的作用。因此,作为一名教师,不断提升职业道德修养是直接关系到教学效果的头等重要的大事。

一、正确理解和把握教师职业道德修养的深刻内涵

重视道德修养是中华民族的优良传统,德是做人的灵魂和根本。一个人的道德水平如何,直接决定着这个人的行为准则和人生方向。因此,做人德为先,育人先育德。我国古代伟大的教育家孔子说过"德之不修,学之不讲,闻义不能徙,不善不能改,是我忧也"。教师职业道德是教师在履行职责的过程中应遵循的特定的职业思想、行为准则和行为规范,以及与教师职业相适应的观念意识和行为品质。它是一般社会道德在特定的职业活动中的体现,但又突出教师职业领域内特殊的职业道德要求,是评价教师行为善恶的具体标准。教师作为传递和传

播人类文明的专业人员，是学校教育教学职能的主要实施者，欲加强教育的内涵建设，就必须加强素质教育，提高教师的职业道德修养。从另一个角度来说，当今社会是一个信息社会，是一个充满竞争的时代，在这样的时代里，竞争归根到底是教育和人才的竞争。而培养适应现代社会发展需要的人才，很重要的一点是取决于教师的综合素质和职业道德水平的高低。因此，加强教师职业道德修养建设是提高教师整体素质的重要内容和关键环节，也是提高教师思想政治素质的最具体最现实的方式和手段，有利于教师整体素质的提高；有利于强化的事业心和责任感，净化教育行业风气，推动社会精神文明建设。

二、提高教师职业道德修养的根本途径

1.争做勤于学习的带头人

加强道德理论的学习，不断完善自我，才不会迷失道德修养的方向，才能培养出真正完美的师德。每一名教师都要勤于学习、善于学习、精于学习，通过学习比较，找出理念上的差距，方法上的差异，从而提升自己。教师要形成良好的道德品质，就必须不断学习和掌握教师职业道德知识，深刻理解教师职业道德原则和规范，把外在的道德规范内化成为教师从事教学工作的行为准则。只有这样，才能提高教师明辨是非、善恶和进行师德评价的能力，从而进一步明确师德修养的目的和方向。每一名教师都要虚心向周围道德品质优秀的人学习，在师德修养中，要向历史上和现实生活中一切伟大的教育家和优秀教师学习。一切优秀教师的道德实践，都是教师道德理论的具体化，具有鲜明、生动、形象、感人的特点，体现了教师的道德风貌。正如伟大的发明家爱因斯坦所说："只有伟大而纯洁的人物榜样，才能引导我们具有高尚的思想和行为"。每一名教师都要向社会生活中学习，以自身的模范带头作用带动和推进道德建设。

2. 争做勇于实践的带头人

提高教师的职业道德修养离不开实践，实践是提高教师职业道德修养的根本途径。道德实践是教师职业道德教育的最终目的和归宿，教师只有在教育活动的实践中，提高道德认识，积累情感体验，磨炼道德意志，坚定道德信仰。作为一名教师，要始终铭记自己的职责所在，要不断在自己所分工的专业领域精益求精，刻苦钻研，才能在一个更高的平台，达到传道授业解惑的基本职能。要积极发挥教师的创造性、思维广阔的特点，树立良好的学术风气和教育风气，抵制腐化思想的侵袭，完成教师所应承担的社会培养人才的责任。教师只有在教育教学实践中，在处理师生之间、教师之间、教师与家长及教师与社会其他成员之间的关系中，才能认识自己行为的是与非，才能辨别善与恶，才能培养自己良好的教师道德品质。

3. 争做严于律己的带头人

教师所肩负的社会职责，决定了教师在道德水平要求上必然高于社会的一般人群。教师肩负着为社会培养合格人才的职责，其教育学生的手段主要是自己的知识、才能、情感、理想和人格。其中教师的道德品质，人格的教育作用是其他任何手段所不能代替的。教师只有以自己纯洁的灵魂，高尚品格去影响学生的心灵，才能培养出具有优良品质的新一代，因而才无愧于"人类灵魂的工程师"的称呼。特别是当今社会，随着科技的发展，知识经济时代的到来，教师的社会价值越来越突出。首先，教师职业道德是社会道德不可缺少的组成部分。因为教师职业道德所要求的是教师在自己的职业行为中必须遵循一定社会的道德标准，体现一定社会的道德风貌，反映社会发展的潮流和方向，合乎时代的要求。当教师将自己在本职工作中所表现出来的这种品格和境界融入社会整体道德环境中，成为社会道德环境的一个有机组成部分时，他必然对社会的和谐、完善、发展，对公众利益的广泛体现做出自己特有的贡献。其次，教师在社会生活中的特殊地位和声望，使教师职业道德的价值含量更高。教师的职责是为社会培养人，在培养人的过程中，一方面教师职业道德规范着教师以高雅的行为举止，高尚的人格品质，健康向上的精神面貌影响学生，成为学生学习的楷模，使学生从教师身上学会做人。另一方面教师职业道德要求教师更准确、更有效、更积极的向学生传播社会的道德和真理。

三、提高教师职业道德修养的方法

（一）赏罚分明，优化教师队伍。

就是要对在教书育人上有突出表现给予表彰，对违反教师职业道德的要严肃处理。采用竞争上岗制度。优化教师队伍。

1.关心教师利益，提升教师的社会地位。

教师职业道德滑坡除教师自身原因外，很大程度上是受到了社会宏观大环境的影响。目前社会道德滑坡，教师尊严与权益在一些地方得不到切实的尊重与维护，这也是诱发教师道德冷漠的重要原因。教育是一个系统工程。"让全社会都来关心教育"在舆论上加强宣传，形成向优秀教师学习的氛围。加强对表现突出，成绩卓然的教师予以表彰，树立典范。使其增强对自身职业的认同感与自豪感。

2.高标准的选拔人才，把好教师队伍的关口。

这要求教育行政管理部门在选拔教师时，不仅要重视教师的业务素养，还要重视教师的政治素质，职业道德水平和身心健康保健调适能力。完善教师素质测试机制。

3.规范配套各项管理制度，对教师队伍实行动态管理，实行淘汰制。

教育部门应建立健全教师考评制度，从而增进教师的责任意识。

（二）加强培养教师的职业自尊心与自豪感。

1.加强培训，提升教师道德判断能力。

一方面，学校应有目的、有计划的组织教师学习《教师法》、《职业教育法》等，增强教师的职业道德素质，明确自己的使命、权利与义务。另一方面，鼓励教师参与研究活动，通过研究发展教师的评判思维。

2.加强自我教育，形成反思意识。

反思教育有助于克服即时主义的教育观与教师观的弊端。促进教师自身的自律，塑造良好形象，

3.全面推行素质教育，使教师主动适应从"应试教育"向素质教育的转变。

把学生看成具有能动性、潜在性、差异性的个人，努力掌握现代教育理论与教育技巧，以使学生在做人上自尊、求知上自取、生活上自理、健康上自强、审美上自悟。这样不仅促进了学生的健康成长，融洽了师生间的关系。而这样的积极氛围也使教师增强了自身的职业成就感。

教师的文明程度往往是一个国家全民文明的的标志。在现今这个时代，教师作为一个特殊群体，肩负着培养祖国未来的重任。教师道德的素质如何，对学生、社会甚至我们整个国家的兴衰都有着不可估量的影响。所以，加强教师自身道德素质，是刻不容缓且必须的。

四、提高教师职业道德素养的重要意义

提到教师，大家不由自主的就会想到一句话"人类灵魂的工程师"。从这句话上，我们不难看到教师对个人的成长所起到的巨大影响。可以说这是人类自有文明以来，相对社会上的所有职业给出的最高评语。"师者，传道授业解惑也"这样一句话，精炼的概括出教师的职责与作用。现代教育家苏霍姆林斯基更具体的指出：由于教师和学生集体在精神上的一致性，教育过程不是单单归结为传授知识，而且表现为多方面的关系。共同的、智力的、道德的、审美的、社会和政

治的兴趣把我们教师中的每一个人都跟学生结合在一起。课是点燃求知欲和道德信条的火把的第一颗火星。"教育实践证明，教师是育人的主导力量。"言传身教"可以说是教育者通过漫长的教育实践总结出来的最有效的教育方法。学生从教师的教学态度和思想感情中也可以获取思想道德教育。教师在教学中的言行、举止、精神境界、品德情操以及政治态度、学术观点，都会在学生的心灵上产生潜移默化的影响。总之，任何教学都具有思想教育作用，无论教师意识与否，自觉不自觉，总是客观存在的。所以我们不难看出老师在培养国家未来上所肩负得责任由多么的重大，更重要的是对国家未来的影响力的巨大。正因为如此，对老师自身素质的要求要更加严格。

我们也知道长期以来，由于一些教师以学习成绩名次来衡量学生的优劣，忽视了"德育"，无暇在塑造学生灵魂方面花费过多的时间和精力，片面认为素质教育就是开发学生的智力，考满分，学有一技之长。使教育陷入"重智轻德"的误区，最终远离了"人格教育"，导致少数学生发展畸形，有文化欠文明，有才能欠道德，有知识少教养，由此造成社会公德的缺乏和道德操守的迷失。"百行以德为先"，要做好青少年道德教育，使学生在成才时同时必须成人，教师自身的道德素养在其中有着重大的作用。

并且随着我国经济的飞速发展，改革开放以来，人们物质生活水平得到了很大的提升。同时人们在多种价值观的冲撞中，有很多人迷失了自己的方向。各个行业都出现了这样或那样的道德败坏的现象，教师行业也出现了这样或那样的不好现象，而这种不好的现象，随着现在高科技信息化快速传播。作为育人根本的教师出现这样的问题，所造成的坏的影响是更加恶劣的。家长学生的不信任态度，这对育人事业造成了很大的障碍，也严重的影响了下一代的思想品德。这种局面的出现是不可取的。它会严重影响国家的未来发展。必须采取有效措施提升老师的形象。

教师实现专业发展的路径

一名教师，从初入职场的新手发展成为一名深受爱戴的教育专家，这个过程是教师成长发展的胜利过程，是教师专业发展的成功过程。然而，这个胜利和成功的取得并不是一蹴而就的，正如冰心所说："当初它的芽儿，要浸透奋斗的泪泉、洒遍牺牲的血雨。"经过不断修炼，先成为一名合格的教师、再继续努力成为名师，最后才能脱胎为专家。教师专业发展的基本路径，必须经历这三个阶段。

首先是掌握技术，成为一名合格的教师。入职的头两年，随着课堂实践的开始和业务培训的跟进，新教师的教育教学实践能力初步形成，在如何上课、如何当班主任上产生了一定的认识。他们知道课堂教学的基本框架结构，知道班主任工作的基本程序和要求。但是，由于时间和精力有限，这个时期的教师还只在模仿上课上下了功夫，对学生的学习效果和心理关注还没有开始。再过五六年，通过不断深入地学习、反思，一部分勤奋而上进的教师的教育教学工作会渐渐熟练，形成了一定的工作经验。教学的设计、教学活动的组织、教学过程的控制、教学方法、手段的使用等渐渐被他们掌握，他们表达教育教学观点明确，采用教学策略恰当，专业知识较为丰富，教学活动能很好地控制，能应付好教学上的各种问题。同时，他们的综合素质得到了提高，不但能搞好教学，而且能当好班主任。他们能正确地处理学生问题、有效地和家长沟通；能设计科学合理的活动，营造班级学习的良好氛围；能关注学生的学法，引导学生采用正确的方法学习；能关注学生心理，帮助学生调节好情绪，处理简单的心理问题等。可以说，他们已经掌握了教育教学的基本技术，成为了一名合格的教师。

其次是将教育教学技术上升为艺术，成为一名教育名师。关于教育技术和艺术的区别，语文教育专家李镇西老师曾经对此作了回答，他说："教育技术的特征是普遍性，常常体现在教育过程(当然也包含课堂教学)中各种按部就班的操作，具有浓郁的大众色彩；它和共性相联，和传承相联，和借鉴相联；更多属于'科学'，逻辑推理，周密精确；它是理性的，有迹可循；它一丝不苟，严格规范，追求统一，提倡'课有定则'。因此，其模式步骤均可拷贝，方法技巧容易普及，可以逾越。教育艺术的特征是独创性，往往呈现为教育现场(自然要包括课堂教学)中各种因地制宜因人而异的机智；它具有鲜明的个人风格，源于突闪的灵感；它与个性有关，与阅历有关，与天赋有关；它是感性的，更多属于'人文'，不可捉摸；它妙趣横生，忽略规则，忌讳雷同，推崇'教无定法'。所以，其经验智慧不可复制，具体做法难以推广，无法超过。"

由技术上升到艺术，是我们教师专业发展的必然阶段，也是一个瓶颈阶段。有的老师，掌握了教育的技术后就产生了骄傲自满的情绪，就有了十足的成就感和自豪感，产生了职业的倦怠和惰性，对专业发展没有了追求，止步不前、找不到前进动力了，出现了教师专业发展的"高原现象"。这种现象将导致教师的专业发展短路；导致教师的专业素养停留在一个浅显的层面，没有质的飞跃；导致教师的教育教学没有走向培养人才的理想境界；导致整个教育呈现低迷低效的状态。我们必须认清这个情形，分析自身状况，排除产生"高原"现象的种种障碍，沿着教育专业发展的道路不畏艰难、步步攀登。如何将我们的专业发展由技术上升到艺术?从技术和艺术的区别上我们不难找到答案。我们要提升自身人文素养，培养自身教育的智慧。做到像全国名师窦桂梅老师一样：激情不老，读书一生，宁静致远，以写促思，慎独养身，海纳百川，合作共进。这样，在教育的舞台上，我们就能做到站高望远、纵横驰骋、收放自如、水到渠成，成为一名教育的名师。

　　最后是形成自我主张，成为有风格有个性的专家。曾经到学校讲学的北师大肖川教授认为：当今，我国的中小学教师付出的大量劳动仍停留在具体的教育教学上，缺乏对学生精神世界的关涉和引领，缺乏对于自身工作高远的立意，缺乏对于"课本知识"所承载的价值观和心理结构的深刻洞察。归结为一句话，我们的许多教师缺乏"思想"。"思想"缺席，教师就 "丧失了应有的创造激情和发展内驱力"，同时"思想"缺席，就导致我们的教育人云亦云，没有把握"创新"这一教育的灵魂。我们的教师，专业发展到一定程度后，即使成为了教育的名师，也一定要敏锐洞察，一定要形成自己独立的教育主张。这个主张不一定是特立独行的，但一定是深入植根心灵、充满时代特性的，在这个教育主张的引领下，我们的教师才能够一步步深入地反思教育、审视自己，才能在教育的道路上不断矫正自己的过失，使自己朝着健康、前沿的方向发展，把教育引向开阔的空间。同时，在正确而独立的教育主张的引领下，我们的教师还要学会创新。21世纪呼唤创新型人才，而学生精神与创新意识的培养乃至创新素质与创新能力的提高与教师的培养有着密切的关系。成为一名教育专家，就是要担当起培养创新人才的责任。所以，专家型教师要具有创新精神、创新意识和创新能力，能独辟蹊径，形成自我教育的个性和风格并彰显出来，成为引领他人的先锋，达成自己专业发展的最高目标，成为有个性有风格的教育专家。

　　从一名合格教师到一名教育名师再到一名成熟的教育专家，这个过程就是我们从事这个职业所必然经历的阶段和过程，这条道路恰若爬山，合格教师在山脚、名师在山腰，专家在山顶。而我们的教师队伍的现状也如山一般，合格教师很多，名师渐少，而专家就是凤毛麟角了。因为我们的教师畏难，有一种小富即安的思想，科研太累、学习太枯燥，认为自己只要能应付工作就可以了。殊不知，正是这种思想在作怪，我们很多有很好潜能的教师就这样庸庸碌碌过完了一生，我们教育的百花园中，本来可以出现满园春色胜景的，结果是一派"春不来花不开"的寒迹，这是我们国家教育的悲哀，也是作为教师的我们的失职。

我们常常责难教育现状、高呼教育改革，却不知，教育改革的真正实践者就是我们自己。教育发展的推动力就是我们自己。我真诚地希望我们的教师抛开小我，站在学校和社会发展的大局中看看自己所承担的责任，重新审视自己的价值，以担当和大我的情怀定位自己的工作、发展自己的职业。我希望我们的教师能把鼓励学生考取北大清华的那番话拿出来鼓励自己，要有冲上峰巅、登临绝顶的气魄和豪迈，用拼搏之心面对职业、面对生活，人生难得几回搏，搏击，方显人生精彩！教师的专业发展之路是一条漫长、艰涩的道路，但是我们的特殊职业赋予了我们走下去的使命，我们的心中应该升腾起不竭的动力，朝着这个目标大胆迈进。上下求索、不畏险远，我相信，只要我们不断努力，一切艰难的过程在记忆深处，也都会散发馨香，舒展美丽，我们每一位老师都将成长为教育的大家与名师，引领教育风流！

终身学习——教师专业发展的前提保证

知识迅猛更新客观上要求教师学会学习，养成学习的习惯，教师必须不断更新自己的知识结构，使自己课堂常教常新；要树立较强的教育科研意识，认真学习和掌握教育研究的基本方法和相关的理论知识，自觉地在研究中应用；还要在教书育人的实践中学习、学习、再学习。要做教学实践中的"有心人"，在实践中不断地探究，积极探索，锲而不舍，勇于革故鼎新。

一、个体学习

首先教师主动学习间接经验。其途径是向书本学习，博览群书；向周围其他同仁学习，学习他们的教书育人的经验和方法，结合自己的实际巧妙移植，可以少走弯路；利用计算机网络学习，不断提高自己的信息素养，熟练地运用计算机获取、传递和处理信息。其次，要积极主动积累实践经验，要向实践学习，实践出真知灼见，实践长才干。

二、互动学习

师生间的教学活动，主旨是培养学生学会积极主动地学习。课堂教学是对话、交流与知识建构的过程。教师是师生从事知识建构与发展的实验室，要积极实现师生间、生生间的互动探究活动。师生、生生、生与媒体间可以尝试专注式学习、合作学习、专题学习、网络探索学习、研究性学习等方式，使我们的学习真正能激发学生的兴趣，使之愿学、乐学、创造性地学。网络探究学习是一种以单一主体探索为导向的学习活动。它经常以网页呈现问题作为开始，引导学习者解决问题。

三、团队学习

合作是校本研究的途径与方式，我们的社会正从"学历化社会"走向"学习化社会"，若研究只停留在教师个体，虽然教学行为也会产生一时的变化，但这种变化难以持久，也难以从个别教师的行为转化为群体教师的行为。唯有教师集体参与的研究，才能形成一种研究的氛围，一种研究的文化，这样的研究才能真正提升学校的教育能力。学校要有自己鲜明的办学理念和教育哲学，用共同的远景目标培养教师对学校的长期承诺，客观地审视自己，不断改善心智模式，团队中成员不断超越自我，相互学习，取长补短，从全局利益出发，全面提升整体的教书育人水准，全力打造学习型学校。

行动研究——教师专业发展的基本路径

行动研究是指教师在实际教育中，基于学校，源于教师教育教学行为，研究的起点和对象是教学实际中出现的问题；制订计划、系统地收集资料、分析问题、提出改进方案、付诸实施、检验和反省成果，把学习与培训、学习与行动结合起来。研究的成果直接用于学校教学实践的改进和教师教学实践能力的提高，并以研究成果为依据，进行教育改革，提升教学质量。实现教师学习培训和教学过程相统一，促进教师专业成长。因此，近年来，行动研究已经成为教师专业成长、课程改革的重要手段之一。

一、让行动与合作、反思相随堕

行动是校本研究的出发点，教师的成长和发展的关键在于实践知识的不断丰富和实践智慧的不断提升。校本研究就必须从研究"行动"开始，始终紧扣教育教学"行动"进行研究，并且把落脚点放到提高教育教学行为的自觉性上。使校本行动研究，由"行动"开始，通过"合作"与"反思"达到高一层次的新的行动。立足于教师教学行为的研究方法更为注重教师对自己教育实践活动的反思，研究成果直接改善教育教学行为，以教师变化促进教学的变化，有效地促进教师的教学能力和教学水平的提高。

二、行动研究的过程

1. 对教育教学过程进行回顾，发现明确问题

教师借助内省和对话审视自己的行为，对自己熟悉的观念提出质疑，而且可以是对新的教学理念或教学模式的质疑，以及新的理论、新的模式与自己已有经

验的比较中产生的各种想法，有助于教师形成问题意识。

2. 分析问题、寻找问题的症结

教师通过对问题的分析和界定，把那些只能用模糊语言进行描述的问题转化为能用比较准确的概念说明其实质的问题，使对教学现状的反思提升到对教学本质的把握，从而找准问题的症结。

3. 假设一种或多种解决问题的办法或途径

教师根据自己对教学对象的了解，对自己的经验以及所能收集到的资料的分析把握，形成解决办法的不同设想，用来解释情境，从而形成一个总体的行动计划。

4. 实践、尝试解决问题

由于行动研究的根本目的是解决实践中的问题，改善实践的质量，解决问题的各种假设需要在实践中寻找证据，进行证实和证伪。因此，在这一阶段既要按总体计划实施行动？同时又要对行动情况进行观察记录，收集有关资料，不断分析，充分考虑现实因素的变化，根据需要作出适当的调整，保证计划顺利实施。

5. 反思总结

对整个过程进行反思，进一步明确问题是否解决，解决到了哪一步，还有什么问题 需要进一步解决，并在此基础上发现新的问题或提出新的假设。

教师通过行动研究，可以转变传统的教育思想，树立现代的教育发展观、人才观、教育教学观，构建新的教育理念，这是教育改革发展的先导和动力；还可以构建以生为本的高效的课堂创新模式，推进素质教育的进一步深入。

教学反思——教师专业成长的必经之路

教学反思指教师借助行动研究，不断探讨与解决教学目的、教学工具和自身方面的问题，不断提升教学实践的合理性，使自己成为专家型教师。

一、教学反思的意义

1. 教学反思能促进教师积极主动地探究教学问题

教学反思可以进一步地激发教师终身学习的自觉冲动，不断地反思会不断地发现困惑，"教然后而知困"，不断发现一个个陌生的我，这样他就能主动地将与行为有关的因素纳入教学过程中来，重新审视自己教学中所依据的思想，并积极寻找新思想与新策略来解决所面临的教学问题，从而促使自己拜师求教，书海寻宝。教学反思可以激活教师的教学智慧，探索教材内容的崭新表达方式，构建师生互动机制及学生学习新方式。

2. 教学反思有助于教师成为研究者

教师不仅要成为教学的主体，而且要成为教学研究的主体，把自己作为研究对象，研究自己的教学观念和实践，反思自己的教学实践，反思自己的教学观念、教学行为及教学效果。研究自己的教育实践以及对自己在教学实践中做出的教学行为及由此产生的结果通过反思、研究，不断探究和解决教学问题，教师不断更新教学观念，改善教学行为，提升教学水平。同时形成自己对教学现象、教学问题的独立思考和创造性见解，使自己真正成为教学和教学研究的主人，提高教学工作的自主性和目的性，克服被动性、盲目性，使教学与研究相结合，教学与反思相结合，成为真正的研究者。

3. 教学反思有助于改造和提升教师的教学经验

我们从教师成长的规律中可以看到，教师的实践经历不会自动生成科学经验，从而促进专业化发展。对教师来说，只有"经验+反思"才会有效地促进自我更新取向的专业化发展。没有经过反思的经验是狭隘的经验，意识性不够，系统性不强，理解不深透，它只能形成肤浅的认识，并容易导致教师产生封闭的心态，从而不仅无助于而且可能阻碍教师的专业成长。只有经过反思，使原始的经验不断地处于被审视、被修正、被强化、被否定等思维加工中，去粗取精，去伪存真，这样经验才会得到提炼、得到升华，从而成为一种开放性的系统和理性的力量，惟其如此，经验才能成为促进教师专业成长的有力杠杆。

总之，教学反思为教师提供了再创造的沃土和新型的学习方式，为可以进一步地激发教师终身学习的自觉冲动，激活教师的教学智慧，探索教材内容的崭新表达方式，构建良好的师生互动机制及学习新方式，使自己的教学艺术永葆青春，为教师的成长提供有效途径，适应新课程改革的要求。

二、教学反思的策略

在教学实践当中，根据反思的源起，我们可以将反思策略分为两大类：内省反思法和交流反思法

（一）内省反思法

内省反思法是指教师主动地对自己的教学实践进行反思的方法。根据反思对象及反思载体的不同，内省反思法又可分为以下几种具体的方法。

1. 反思总结法。

反思总结法主要是指通过自己记忆，对自己的教学实践予以总结、反思的方法，从而进一步使教学实践中的"灵感"内化，也使教学实践中出现的问题得到考虑。

2. 录像反思法。

录像反思法是通过录像再现自己的教学实践，教师以旁观者的身份反思自己的教学过程的方法。这种方法最大的优点就是能客观地对自己的教学过程进行评价，这样能更好地强化自己已有的经验，改正和弥补自己的不足。

3. 档案袋反思法。

档案袋反思法则是以专题的形式为反思线索对教学实践进行反思，包括课堂提高的形式是否多样，课堂提问的内容是否是课堂的重点、难点，对某学生的提问的形式、难度是否符合该学生的实际能力，等等。

（二）交流反思法

交流反思法可以就某一问题与其他教师进行交流，也可以是在听完某教师的一堂课以后，针对这堂课而进行交流。这样可以反观自己的意识与行为，加深对自己的了解，并了解其他与自己不同的观念，进而取他人之长，补自己之短。

同伴互助——教师专业成长的有效方法

新的课程计划的颁布，新教材的推行，新的课程理念的逐渐渗透，不同学科的相互 融合，以及与现代信息技术的整合等，这些都要求教师间彼此合作，共同提高。

一、同伴互助方式之一 ——磨课

"磨课"是对课堂教学研究的一种形象化说法，往往由集体开展的"备课—上课、听课—评课"三个环节组成。"磨课"的过程，就是一个完整的教学管理过程，从目标的制定到具体实施，再到最后的总结评价，正好构成了一个完整的流程。在"磨课"的每一个环节中，都是集体参与讨论、策划、修订和完善，它反映了集体的意志和智慧，充满了民主和谐的氛围，自动构成了一个能动的"磁场"，带动每一个成员自主地参与并自如地运行。

"磨课"虽然有它相对封闭的运行流程，但一个流程的结束同时意味着新的过程的开始。所以"磨课"还有一个研究行为继续跟进、研究轨迹螺旋上升的形态。在"磨课"中，有两种方法值得推广：第一种是"一课多人上"，即同一堂课由几位教师同时执教，而且执教者的地域跨度越大，往往执教风格和思路差异越大，研究探讨的价值也就越大，这样的磨课，往往能让执教者之间更好地进行取长补短、借鉴改进、优化整合，有利于教改的不断深入；第二种是"一课一人多上"，即一堂课由一位执教者上几次，每上完一次，都有一个集体探讨和修改教学方案的过程，然后重新执教，纵向对比成败得失，并进一步修改完善，不断优化，不断超越。这两种磨课方法，都采用了"比较法"的研究策略。不管是横向比较还是纵向比较，都有利于将教学研究推向深入。

二、同伴互助方式之二——沙龙

"沙龙"原意是指文学、艺术等方面的高雅人士的小型聚会。本文指教育工作者或 教育研究者之间主题性的小型教育研讨活动。这样的研讨活动有以下几个特点：一是要有一个合适的主题；二是要有一定数量的教师或专家；三是要有一个主持人能起到穿针引线的作用；四是要围绕主题开展自如深刻的对话，参与者之间没有绝对的权威，大家各抒己见，时常有思想交流、智慧碰撞、观点交锋；五是最终应该形成对讨论主题的阶段性的看法或认同，这是众人观点和智慧的有机整合。

学校的教育"沙龙"有很多形式，假如按"沙龙"的途径可分成"场景式沙龙"和"网络式沙龙"。其中的场景式沙龙是在一个现实的场景当中开展的沙龙，它的优点是氛围好，互动频繁，信息传输快；而网络式沙龙是指参与者在网上同一个论坛或聊天室中开展的沙龙，它的优点是不受空间限制，文本形成迅速，传播范围广。假如按照沙龙的内容可分成"读书沙龙""教学沙龙""德育沙龙""课题沙龙""管理沙龙"。在学校，读书沙龙主要以年级组为单位，年级组长就是主持人；教学沙龙主要以学科组为单位，主持人为教导主任或教研组长；德育沙龙主要以班主任为单位，主持人是德育处主任；课题沙龙主要以课题组为单位，主持人是教科室主任或课题组长；而管理沙龙主要以本校或几个学校的管理人员为单位，主持人往往是校长。这些沙龙组定期开展有效的沙龙活动，成为同伴互助的一种重要的形式，充分激发了教师们的潜能和智慧。

三、同伴互助方式之三——展示

学校定期由教研组或课题组以研究小组为单位，向其他教研组或教师群体展示各自研究课题的阶段性的实践、思考和成果。教学研究的展示虽然是一时的、短期的，但展示前的准备工作却是大量的。以教研组为例，教研组长要对本组成员进行展示前的分工落实，明确各人展示的任务和内容，而且要形成一个整体，形成一个展示的序列。比如围绕研究的课题，安排好活动策划者、课堂执教者、活动主持者、活动发言者、媒体宣传者、问题讨论者、成果收集者，等等。在展示活动中，展示小组的所有成员各尽所能、各显神通，专业能力会在展示的全过程中得到较好的培养和锻炼。

此外，同伴互助方式可不拘一格，如教师的网上备课平台、互动平台，新老教师结对、教研组活动、备课组活动、问题交流中心等，并且通过同伴互助，防止和克服教师各自为政的现象，让教师在开放互动的环境里学习。学校应定期开展教学观摩、问题讨论、课题研究等促进教师互助互学，让教师感受合作的需要，享受合作的乐趣，实现教育教学的共同体。

因而，学校应该创设一个资源共享、互相交流、互相合作的人文环境，包括教育教学资料的共享，各位教师教学课件的共享，教育教学设计的相互借鉴，教育教学方法的借鉴，等等。鼓励教师在自我反思的同时，开放自己，加强教师教育教学智慧的交流与学习。

专业引领——教师专业成长的重要条件

在学习化的社会里,人人需要终身学习。教师为了提高自己的专业素养,往往会向周围的同事、学生、家长学习,向书本、实践学习。但是,一般情况下,校内同层级教师的横向支援,明显缺少了纵向的引领,尤其是在当今我国课程发展大变动的时期,先进的理念如若没有以课程内容为载体的具体指引与对话,没有研究者与骨干教师等高一层次人员的协助与带领,同事之间的横向互助常常会自囿于同水平反复。因此,教师还必须向专业人士和成功人士学习,不断接受先进理论、技术、方法和经验的专业引领。提倡校本教研与大学牵手,各级中小学教研部门、教师进修院校和教育科研机构专业研究人员与中小学教师共同研究,建立起平等交流、共同成长、互补互益的伙伴关系,人人平等,能者为师。

一、专业引领的基本要求

1. 对教师的专业引领要目标明确、内容正确、方法适当

教师专业发展的方向和水平既有共性,又有个性。专业发展的总体目标是指教师不断接受新知识、增强专业能力,使个体在专业素质方面不断成长和追求成熟。但不同发展阶段、不同水平层次、不同专业学科教师的专业发展方向和水平又是有差别的。因此,在引领教师专业发展的过程中,目标定位要切合各类教师的实际情况,引领内容要有一定的针对性,要有利于提高教师的实际工作能力和水平,引导方法要灵活、多样、有效。

2. 在专业引领中,要充分发挥引领人员和教师双方的能动性和积极性

引领人员既可以是教育科研的专家,也可以是教研部门的教研人员,还可以

是既有一定的教育教学理论，又有丰富实践经验的教育教学第一线的骨干教师。科研专家对教师的引领主要是教育教学科学理论的引领，教研人员对教师的引领主要是把教育教学理论与教育教学实践结合在一起的引领，第一线骨干教师对教师的引领主要是具体实践操作的引领。引领人员必须具有较高的素质水平和引领能力，在对教师的专业引领过程中，既有对教师理论上的指导，又有实际的教育教学示范；既要参与到教师学习、研讨的过程之中，又要对教师具体的教育教学实践进行评析，还要采取切实有效的方法措施，善于指导教师开展教育教学实践活动。因此，引领人员一方面必须具备丰富的教育科学理论知识和实践经验，同时又能对引领工作有高昂的工作积极性，要乐于从事引领工作，这才能保证引领工作的顺利和有效。在专业引领过程中，作为接受引领的教师，要有积极上进的精神，要确立"我要学习…""我要发展"的思想，在接受引领的过程中要充分发挥自己的主观能动性，要积极配合，要向引领人员虚心学习、认真求教，要深入钻研、努力提高。只有这样，才能促使自己的水平得到提高，促进自己的专业获得更好更快的发展。

3. 对教师的专业引领要到位而不越位

引领人员对教师无论是教育科学理论的引领，还是教育教学实践的引领，都要努力做到到位而不越位。到位，就是给教师提供必要的帮助；不越位，就是引领人员对教师不能越俎代庖、包办代替。在专业发展过程中，教师是发展的真正主体，专业引领人员无论怎么引领或指导，都不能也不应该代替教师的独立思考和实践活动。引领的最终目的是为了不引领。因此，专业引领人员要立足于提高教师的教育教学理论水平和独立的教育教学和实践研究能力来引领教师，要通过到位而不越位的引领，使教师真正能够获得良好的专业发展。

二、专业引领的操作方法

1. 阐释教育教学理念

教师具有什么样的教育教学理念，决定其在教育教学中产生相应的行为方式。在教师的专业发展过程中，让教师掌握并形成新的教育教学思想理念是教师获得专业发展的首要任务。完成这一任务，引领人员可采用讲座、学术专题报告、专题理论研讨、教学问题诊断、案例评析、教学专题座谈咨询和引导自学等形式，让教师全面掌握新的教育教学理论。在当前新课程改革背景下，就教学思想理念的引领来说，主要包括：教材内容的理解分析、课程教材教法的分析辅导、课程标准与学科课堂教学问题的评析，等等。

2. 共拟教育教学方案

在教师的专业发展过程中，在教师掌握了教育教学思想，形成了新的教育教学理念的基础上，引领人员要与教师就某种教育教学内容或现象在共同探讨的基础上，引领教师并与教师共同拟定出教育教学方案。在共同拟定教育教学方案的过程中，引领人员既要发挥引领作用，更要指导教师在科学的教育教学理论的指导下，逐步形成具有自身特点和风格的教育教学设计，并使教师学会独立拟定教育教学方案。共同拟定出来的 教育教学方案，要符合教育教学科学理论的要求，要有利于教育教学的具体实施。

3. 指导教育教学实践尝试

在教育教学方案拟定好了之后，引领人员要与教师一起将共同拟定的教育教学方案直接用于教育教学实践。以教学为例，引领人员要引领教师将拟定好的教学方案直接用于课堂教学之中，要让教师在教学实践中尝试实施教学方案，验证教学方案的可行性和有效性。在教师使用共同拟定的教学方案进行教学实践的过程中，引领人员要深入课堂，关注、考察和记录执教教师的教学行为，并将教师的课堂教学行为与拟定的教学方案进行比较，寻找出与教学科学理论的差距，以备在教师教学尝试之后与教师一起讨论进一步修订方案、改进教学方法和教学行为。

4.引导反思教育教学行为

就教学来说，在教师拟定的教学方案进行教学实践尝试之后，引领人员要安排和组织教师对教学尝试情况进行反思和评议。在这里，引领人员和执教者首先要对自己的教学设计和行为进行自我反思，说明设计思路，找出教学预拟方案与教学行为的不和谐之处，分析原因，寻找解决方案；同时，引领人员要让其他参与教学实践活动的教师对教学设计和执教教师的教学行为充分发表自己的看法和意见，指出其优点和不足，提出修改建议。在此基础上，要总结大家意见，进一步引导教师将教学尝试行为的反思意见落实到新的教学行为之中，改变原来课堂教学中的不足，把思转化为行。这样经过几次反复，直至创生充满活力的课堂教学环境。

课题研究——教师专业成长的有效载体

在促进教师专业发展的众多可能的途径中，开展课题研究不失为一个有效的载体。

一、课题研究——促进教师专业理论水平的提升

教师的专业理论包括：教育教学的基本理论、新课程改革的理论、学科教学的理论、教育学心理学的理论以及相关方面的理论。它是教师在教育教学工作中的世界观和方法论，是教师专业行为的理性支撑。

教师开展课题研究，首先要寻找课题研究的理论依据，进行理论奠基；在课题研究的过程中，教师要自始至终以先进的教育理论来指导自己的研究活动和实践活动，并通过研究和实践，或是验证；或是补充完善；或是丰富、发展他人的理论；当研究活动结束，教师要对课题的研究，进行认真总结。在深入的理性思考的基础上，对自己的做法、感悟进行理论上的提升。因此，课题研究的全过程，就是教师学习理论、运用理论、提升理论的过程。

二、课题研究——促进教师专业知识的拓展

教师开展课题研究，需要教育、教学、心理、科研、课程、管理等各方面的知识，这就必然促使教师对各方面知识的学习，特别是要学习和掌握现代教育的新知识，如最新的文化基础知识、最新的学科知识、最新的教育理论知识等，以适应开展教育科研的需求。与此同时，为了创新的需求还要求教师对已有知识在质的方面的深化——对已有知识的质疑、批判或创新。随着各方面知识量的不断

积累，必然引起教师知识结构的重组，从而构建起新的复合性的知识结构。

三、课题研究——促进教师专业能力的提高

教师的专业能力就是教师的教育教学能力，主要包括教育教学设计能力、表达能力、组织能力、反思能力、探究能力、创新能力等。开展课题研究，除去可以促进教师的设计能力、表达能力和组织能力外，由于教育 科研自身的特性，对于教师下述三种能力具有独特的促进作用。

一是促进教师反思能力的提高。科研课题研究的整个过程，每进行一个步骤教师都需要自觉主动地反思自己的行为。通过回顾、诊断、自我监控等方式对自己的行为，或给予肯定、支持与强化，或给予否定或修正。因此，科研课题的选择及研究对促进教师反思能力的提高大有裨益。

二是促进教师探究能力的提高。科研的实质就是对问题的探究，课题研究的过程就是对教育问题的探究过程。这个过程大致概括为提出问题、建立假设、制定研究方案、检验假设、得出结论等。这一过程中的每一个步骤都离不开对问题的探究。每个结论的得出，每个现象的解释，每个成果的获得，无一不是经过探究而得出的。课题研究是提高教师探究能力的良好途径。

三是促进教师创新能力的提高。课题研究，它的灵魂和显著特征就是创新，创新体现在课题研究的全过程。

四、课题研究——促进教师专业自我的形成

当一个研究课题获得成功，取得丰硕成果之后，教师的自我价值得到了充分的体现，使教师获得了巨大的成功感。在成功的激励和鼓舞下，教师进一步形成了蓬勃向上的良好心态，专业的心理品质得到进一步提升。因此，他们在教学中更加自信，更加增强了对工作的责任感、成功感和满足感，教师的专业自我逐渐

形成。

科研课题的研究是为解决某一问题而进行的探究性活动,它需要教师拥有广博的知识和各种能力及良好的心理品质。教育科研对教师专业发展起着强有力的推动作用,它可以激发教师自主寻求发展,促进教师内在的自我更新。因此,课题研究是促进教师专业发展的有效载体。

网络远程研修——教师专业发展的新平台

网络远程研修，是近年来随着信息技术的高度发展形成的一种教师专业发展的新平台。

一、网络远程研修的项目特点

1. 完善的管理系统

为保证远程培训项目的顺利实施，一般都由项目领导小组、项目协调小组、项目实施办公室、项目专家工作组共同组成组织管理系统。这些机构的高效运行，发挥了协调、组织、管理培训工作的职能，保证培训项目的顺利进行。

2. 高水平的课程团队

根据培训设置学习专题，每个专题由主讲教师及相关研究人员组成课程讲师团，采取主讲教师责任制。专家主讲，团队合作支持，这就把个人的教学理论及教学魅力优势与集体合作的力量有机地结合起来。

3. 精干的指导教师团队

网络远程研修班项目组会在一定范围内聘请有实践教学经验和·定理论水平的教研员和一线教师，组成指导教师团队。为每班配备指导教师，而且多为跨地区安排，指导学习、解答问题、跟进评论、推荐作品、引发讨论、参与简报编写等。这支活跃的队伍在培训中发挥着重要作用，提高了培训课程的针对性、实效性，促进了学员间的互动、交流。

4. 尽责的班主任日常管理团队

为做好培训工作的日常管理，确保培训质量，每班配备班主任。班主任负责组织本班学员按要求参加学习、解答相关问题、评论学员作业、负责编辑本班课程学习简报和本班学员学习过程与结果的评估等。

5. 优秀的技术支持团队

网络研修是通过网络平台进行的。参加网络研修的正式学员一般都上万甚至十几万。如此规模的上网学习、交流，对网络的压力之大是可想而知的。为保证培训中网络的正常运行，项目组众多的技术人员，在幕后开展大量工作，保证了培训的正常进行。

6. 全方位的制度保障

从培训开始，项目办就会着手制定学员学习手册、课程团队工作手册、指导教师工作手册、培训组织单位工作手册、远程培训技术操作手册、远程培训项目评价办法。并随着培训的开展和情况的变化，在征求各方面意见的基础上不断改进。各种工作手册和评价制度，对培训工作的开展起到很好的导向作用。

二、网络远程研修的优势

网络远程研修，是在网络环境下，以现代教育思想和学习理论为指导，充分发挥网络的各种教育功能和丰富的网络教育资源优势，向参与学习者提供一种网络研究和进修的环境，使学习者在视频收看、文本学习、作业与交流相结合、简报阅读等的过程中促进教师专业发展。

1. 促进教师间的群体同伴互助

培训中，教师要学会并掌握培训平台的网上操作、个人博客的建设、利用邮箱或 QQ交流等网络技术手段，并运用这些手段同本班和全国的教师交流沟通。学员网上提交作业，大家通过评论的形式进行互动交流。在这个过程中，教师将自己的学习、反思成果展示在大家面前，作为研究素材供大家评头论足，教师回过头来参考大家的评论对这个问题再思考，这会大大提高教师的专业认识水平。课程团队的专家、指导教师或班主任还分专题组织网上研讨，使教师间的互动越来越深入。正像一位教师在研修评论中所写："网络平台实现了及时、便捷和无限的对话和互动，成为了展示魅力的舞台，交流经验的擂台。"特殊的互动方式促进了教师间的群体同伴互助，使教师尽享了交流和沟通的快乐。

2. 课程团队的专家、指导教师和班主任，发挥专业引领作用

课程团队的专家、指导教师和班主任用他们各自的特色和魅力，以视频讲座的形式吸引着每一位参加培训的教师，改变着教师的思想和认识。他们直接参与和教师们的网上互动、交流，回答教师们的提问。有的专家还会在自己的博客上组织"学习在线"，引导教师参与在线讨论，得到专家的"现场"指导。定期出版的课程学习简报汇集学习者的优秀观点、专家点评等内容，成为引领教师学习的重要形式。指导教师和班主任以发表文章、评作业、编班级简报的形式指导、引领着教师们的学习。在过去的研修中，有的学员在评论中写道："参加这次远程培训是一件非常幸福的事，不论身在哪里，都能像在现场一样享受专家的讲座，更能与全国各地的同行分享教学经验，真有如沐春风之感。"

网络远程研修是一种跨学校、跨地区的教师群体研修。培训中网络支持，学员、指导教师、专家互动，形成了一个立体交流网。在这个平台上，新思想、新观点，不断生成。

教师成长记录袋——教师专业发展的不断动力

一、实施"教师成长记录袋"的意义

成长记录袋，英文单词是portfolio，来源于"port"（携带）和"fol"（纸张或资料）的组合，有文件夹、公事包或代表作选辑等多重含义，国内也有人将其译为成长记录、档案袋、卷宗夹或学习档案录。成长记录袋在教育领域中的应用迄今已有十多年的历史。"教师成长记录袋"就是"根据教育教学目标，有意识地将教师的相关作品及其他有关资料收集起来，通过合理的分析与解释，反映教师在教学、学习与发展过程中的优势与不足，反映教师在达到目标过程中付出的努力与进步，并通过教师的自我反思激励教师取得更高的成就"。

二、"教师成长记录袋"的实施原则

1. 多元性原则

"教师成长记录袋"的内容设置要体现角度多元的特点，重点反映教师在师德修养、师生关系、业务学习、课堂教学、课程开发、教学资源整合、团队合作、校本教研、学生个案 研究、考试评价等方面所发生的变化、取得的成绩。

2. 主体性原则

"教师成长记录袋"记录栏目的设计还要体现规范性和灵活性相结合的特点，发挥教师记录自己成长道路的积极性，更好地体现教师成长过程的个体差异性、成长方式的丰富性等特点。

3. 互动性原则

"教师成长记录袋"是教师自我评价与学校对教师实施有目的、有计划培养

的重要依据。学校要重视"教师成长记录袋"的分析应用，并关注教师自我评价和学校评价之间的互动反馈，改进学校对教师的评价体系，提高教师自我认知、自我发展的能力。

4. 发展性原则

"教师成长记录袋"所隐含的评价标准与内容应体现以人为本的思想，着力于促进人的全面而有个性的发展，激发教师的内在情感、意志、态度，并随着教育价值观、社会人才观的不断发展而逐步完善。

三、"教师成长记录袋"的主要内容

教师成长档案袋的主要内容包含以下几个方面。

1. 个人简介，包括姓名、性别、学历、职称、所教科目、个人兴趣爱好的相关资料。

2. 理论学习，包括听讲座记录、读书文摘、制作教育名言卡片——可作分类。

3. 听课记录，指校内外科研观摩课。

4. 科研公开课专题，个人承担的，还有教案、专家和同行评课、反思等。

5. 研究课题，包括课题来源、学校课题、学科组子课题、个人研究方向等。

6. 文字成果，包括论文、教育叙事文章、课堂实录、调查报告、调查问卷、指导学生发表文章等。

7. 获奖记录，包括自己的、集体的、指导学生的。

8. 班主任有班级管理栏目、科组长有科组管理栏。

四、使用"教师成长记录袋"的优势

1. 有助于教师的自我评价、自我反思

"教师成长记录袋"在展示成绩的同时，也可使教师不断回想取得成绩的过程和方法，从中找到成功的经验和失败的教训，学会自我反省。在参观其他教师

的记录袋的同时，发现别人的长处，找出自己的优势，同时找到与别人的差距，使教师正确评价自我，帮助教师顺利找到自己的最近发展区。

2.有助于教师把自己的经验上升为理论，促进教师队伍的专业化成长

记录袋的建立为教师及时对自己的经验进行梳理和挖掘搭建了平台，对教师构建自己的理论体系，形成独特的专业观念起到了促进作用，从而促进了教师队伍的专业化。

3.有助于教师记录进步、激发潜能

在成长记录袋中教师收集的是一系列自己的作品样本，以向学校和同事提供自己进步的信息，展示自己的成就。教师在回顾自己的工作历程、体验成功的同时，就会产生自豪感，激发继续努力的斗志，激发自己的潜能，促进自己向高层次发展。

4.有助于形成爱岗敬业、积极进取的整体氛围

教师们通过学习了解相同学科教师的成长记录袋，拓展自己的专业知识和教学方法，通过学习了解其他学科教师的成长记录袋，丰富自己的知识。从老教师那里学到了敬业与奉献，从中年教师那里学到了干练与经验，从年轻教师那里学到了创新与无畏。形成比、学、赶、帮、超的良性循环，为学校形成良好的校风、教风、学风搭建了平台。

5.有助于学校总结教师在教学过程中的先进经验并进行推广

学校领导可以借教师成长记录袋了解本校教师队伍的优势与不足，发现教师在教育教学中产生的经验，并及时进行推广，形成自己学校的特色。

总之，教师专业成长记录袋要体现多主体性。主张使更多的人参与评价，加强自评、互评，使评价成为教师、管理者、学生、家长共同积极参与的活动。特别是使评价对象自身也成为评价主体，重视评价对象自我反馈、自我调控、自我

完善、自我认识的作用。虽然成长记录袋的建设工作量很大，还有种种缺陷，但只要形成习惯，按部就班地去做，认识每一项具体内容的意义，避免走过场、走形式，"教师成长记录袋"就会在教师专业发展的过程中起到很好的作用，产生良好的效应。

名著阅读——不该放在被爱情遗忘的角落

时间是一张密密的过滤网，淘汰了糟粕和凡俗，积淀下精华和典雅。经典名著便是历经岁月的冲洗，至今闪耀着熠熠光彩的珍宝。"操千曲而后晓声，观千剑而后识器"，培养阅读能力不能不诵读经典；"腹有诗书气自华"，提升个人素养不能不赏析名著；每一部名著都是"一个广阔的世界，一个浩瀚的海洋，一个苍莽的宇宙。"（刘白羽语），了解社会人文、感悟民族精神不能不品评佳作！

然而，除了语文教科书选用的章节片段，名著被我们许多语文教师放在了被爱情遗忘的角落。

不要全怪我们，我们也想爱名著，可是，打散了我们教师和名著阅读这对鸳鸯的，还是考试那根指挥棒。

不要全怪我们，学生阅读之外的世界太精彩——网络游戏、长篇剧集、漫画卡通，多么直观明了，多么生动丰富，现在还有几个像我们小时偷偷藏在被窝里看那本没了封面、页角翻卷的小说的孩子啊。

不能不怪我们，其实课改后的教材和试题，也有名著阅读的内容，可是我们往往简单应付，课堂上三言两语一带而过，考试前下发复习提纲一背了之！

不能不怪我们，"办法总比困难多"，面对学生兴趣不足和阅读名著意义重大的矛盾，面对课时有限和名著广博的矛盾，我们想方设法解决过吗？没有，或者说，我们只是浅尝辄止。

怎样将名著阅读从角落移到正堂？笔者以为，引领学生阅读名著，要用心演绎"阅读指导三部曲"：

一、激发兴趣，寓教于乐。让学生爱上名著并不难。曾经看过一个视频，某位教师上《水浒》阅读课，设计了一个巧妙的游戏——水浒人物竞猜。从课堂上学生积极踊跃的场面，我们可以想象到学生在课下专心阅读的情景。课外阅读课不能当成放松休闲课，这可是培养学生阅读积极性的主阵地，我们应当以活动为载体，精心进行教学设计，可以像上文中提到的老师这样设计游戏、辩论环节，还可以举办小型的演讲、朗诵会，开展小组竞争评比，让孩子们激情澎湃地投入到阅读中去。

二、立足背景，链接生活。不了解时代背景是无法解读名著的，而年代久远、与现在生活差异太大也是学生不爱读名著、读不懂名著的重要原因。在对学生进行阅读指导的时候，让学生走进作者生活的世界是读懂名著的第一步。许多名著的思想内涵，即使在今天仍然彰显着智慧，我们不妨联系现实让学生加深理解；而时代差异造成的观念变化，也有利于我们在与先人的观点比较中，感受当今的文化优势。

三、精读片段，由点推面。名著中长篇居多，要在课堂上完成绝不可能。对学生进行指导，少不了对著作进行简单的情节概括、人物评点，但是仅仅点到为止，是不能领悟作品的思想精髓和语言精妙的。我们应该从名著中节选经典片段，让学生潜心分析人物，静心揣摩语句，"窥一斑而见全豹"，再由点推面，让学生从片段走进整篇巨著，在课下完成阅读。

各位同侪，让我们在有限的时间里，将学生放飞到无限的名著天空中去吧，期待他们飞得更高、更远！

你听见花开的声音了吗

"成功的花,人们只惊羡她现时的明艳!然而当初她的芽儿,浸透了奋斗的泪泉,洒遍了牺牲的血雨。"冰心老人的诗句,道出了事业有成者拼搏之路的艰辛,也给我们"一分耕耘、一分收获"的激励。名师头顶绚丽的花环,是靠日积月累的历练编织才成的。今天,我采摘一朵五瓣花,细数每一瓣上的光彩,你,可否用心听到了花开的声音?

第一瓣,心中有爱。"没有爱就没有教育。"爱是高尔基"谁不爱孩子,孩子就不爱他,只有爱孩子的人,才能教育孩子."的对学生的赤诚,爱是陶行知先生"捧着一颗心来,不带半根草去"的对事业的奉献。因为有爱,霍懋征老师满含深情地说:"我一生从教的体会,那就是六个字:光荣、艰巨、幸福。";因为有爱,魏书生老师与学生学在一起、住在一起、融为一体;因为有爱,汶川原本不知名的教师在生死攸关的刹那间选择了为学生关上自己的生命之门;因为有爱,我们日复一日、年复一年地备课、上课、批改作业、辅导交流……在平凡朴实的工作中体验着教师的职业幸福;也因为有爱,我们在炎炎夏日里端坐于电脑之前,挥汗如雨,在远程研修的平台上努力提升着自己的专业素质……

第二瓣,脑中有纲。 课程标准是课堂教学的指路明灯,作为一名思品教师,如果没有将《思想品德课程标准》领会于心,就难以带领学生在思想品德的天空里振翅飞翔。我们要理解"帮助学生学习做负责任的公民、过有意义的生活是本课程的基本追求",要参透"坚持正确价值观念的引导与启发学生独立思考、积极实践相统一是本课程的基本原则",要明了"教材与学生之间是以实际生活为联系的媒介或桥梁，而不是以抽象的文字和成人的话语为沟通媒介"。细品那些精彩课堂，每一节都体现了课程标准的指向；揣摩那些研修中涌现出来的精品作业，每一篇都渗透了课程标准的思想。

第三瓣，眼中有生。新课程最基本的理念是还原学生的主体地位。教学过程是教师帮助学生自主学习的过程，教师是"帮助"而不是"控制"学生。传统教学中，教师的讲解和精心安排的一串串"连珠炮"似的问题，就是一条无形的缰绳，紧紧地拴着学生，把他们牵来牵去。而新课程强调的是"以学定教"，正如叶圣陶老先生所说，他不称赞把某些老师的讲课当作最高的艺术来欣赏，而认为，"最要紧的是看学生，而不是光看教师讲课。"切莫以为只要把教材研读透彻了、教学环节预设充分了，一堂课就万事大吉了，如果眼中没有学生，课堂缺乏生成，那就是失败的、僵死的。课堂应该是学生学习、生活的天堂，学生永远是课堂的主人，"过去我们带着知识走向学生，今天我们帮助学生走向知识"，那么，让我们放开手吧，学生可能会走得更好！

第四瓣，课中有美。教学是一门艺术，而不仅仅是技术。艺术是体现美的。每个学科固然有基本的教学流程，但是，"教学有法，教无定法"，如果某个模式一统天下，课堂教学必将是形式化、程式化，甚至是"机械化"的，教学还有何美感可言，有何艺术性可言？让我们用心追求美吧，不仅课堂的设计要美，课的内容要美，课的氛围要美，教师的语言要美，教师的形体也要美。我们要让学生们在美的课堂中享受美、体会美、创造美、展现美，师生携手，打造一片美不胜收的风景线！

第五瓣，手中有书。"腹有诗书气自华"，多读书、善读书是提高专业素质的有效途径。不要抱怨繁忙的工作让你没时间读书，不要责怪琐碎的家务让你没心情读书，只用你去挤，时间就是海绵里的水；只要你去做，心情就是永无阴霾的艳阳天！只有养成良好的读书习惯和思考习惯，我们教育生命的成色才能丰富，我们的理论和实践水平才能提升，我们的职业幸福感受才更深刻。让我们带一缕书香进校园吧，心中立下"有哲学的头脑，有学者的风范，有精湛的教艺，有愉悦的心境"的目标，在教育教学这块美丽的土地上诗意地栖居……

心中有爱，脑中有纲，眼中有生，课中有美，手中有书——这五颗花瓣，每一瓣都要用真情去种，用智慧去培，用汗水去浇。

尽管花长得极慢

花开得极小

可是

你

听见花开的声音了吗？

要用心去潜水

引子——

1998年10月。威海。山东省初中语文优质课比赛抽签现场。

哆哆嗦嗦打开写着课题的小纸条，顿感后背被泼了一桶冷水——《在烈日和暴雨下》！天哪，老舍的大作，不必说课文本身的思想语言难以驾驭，也不必说高手示范的课例难以超越，单说半月之前刚刚结束的中语会年会上，已有教师上这堂公开课赢得满堂彩，比赛评委全是年会的专家，这，这还有我的活路吗？

青岛市教研员牛锡亭老师听到我报告此项噩耗，只是淡然一笑："他们讲他们的，你讲你的，你只有一个。先不说别的，回去把课文读一百遍再来跟我谈教学设计！"

一百遍怎么读啊？第二天就要比赛了。愚钝的我想了想，这是牛老师让我读透文本哪。于是乖乖领命，熬夜琢磨教材去了。别说，课文越读越不忍放手，我竟然发现有许多语句的精妙是手头的参考用书上都没有的。原来，教师不能只在现成资料里"游泳"，仅会游泳是不够的，只有自己用心去"潜水"，才会有独到的感受和收获啊。

要用心去"潜水"——这是我那次比赛的最大收获。

品味语言，"潜水"功夫必须深厚，要潜至文本深处，潜至学生深处，潜至激情深处，精心设计问题，运用多种方法让学生领略语言文字的神奇，而不能局限于传统教学中的"你最喜欢的句子词语是什么？为什么"或者"找出动作、神态、语言描写，哪些地方写得好"等等——

可以采用追问法"潜水"。《在烈日和暴雨下》一课，我引导学生体会作者在动词运用方面的匠心，便发出连环追问——"左右都有什么，只觉得透骨凉的水往身上各处浇。他什么也不知道了，只茫茫地觉得心有点热气，耳边有一片雨声。他要把车放下，但是不知放在哪里好。想跑，水裹住他的腿。他就那么半死半活地，低着头一步一步地往前拽。"几句话中，哪个词体现了祥子拉车的艰难？学生很快找出："拽"。为什么要"拽"呢？因为水"裹"住了腿。能将腿"裹"住，是因为雨大，作者怎么表现雨大？"浇"！教师的主导作用不能过于强化，但也不能弱化，必要的点拨追问时不可或缺的。

可以采用比较法"潜水"。记得看过一个课例——《赫尔墨斯和雕像者》，印象深刻：如果我们单纯发问："'赫尔墨斯想知道他在人间受到多大的尊重，就化作凡人，来到了雕像者的店里'这句话表现出赫尔墨斯怎样的性格特点？"学生们恐怕会一脸困惑。这个问题对学生来说根本就摸不着头脑，怎么回答？这时，我们教师应该适当地推学生一把，比如说，我们可以把这个问题设计成一个比较题目，让学生思考、讨论两句话有什么不同：

1. "赫尔墨斯想知道他在人间受到多大的尊重，就化作凡人，来到了雕像者的店里"

2. "赫尔墨斯想知道他在人间是否得到尊重……"

经过对比，学生就理解了：第二句话的意思是，赫尔墨斯还不知道人间对他是否尊重，心里没底，所以想在人间调查一下；而第一句的意思是，在赫尔墨斯看来，人间尊重他是毫无疑问的，他要了解的是对他尊重的程度有多深，这也太把自己当盘菜了，不就是妄自尊大吗？老师的这个设计，就好比给学生的思维搭上了一个梯子，让学生顺着梯子自己爬上去，通过比较品味语言的巧妙。

在品味动词的时候，也可以运用比较替换的方法，比如 "我弯下身，小心翼翼地把白蝴蝶捏起来，放在手心里。"(《白蝴蝶之恋》)中的"捏"能不能换成"拿"或者"拣"？学生便可借助日常体验领会词语的准确、生动了。

　　还可以采用朗读法"潜水"。语文课不能缺少琅琅的读书声，朗读可以加深对语言运用的理解。如《那树》一棵，在赏析语言的时候，我就让学生反复读"但是，这世界上还有别的东西，别的东西延伸得更快，柏油一里一里铺过来，高压线一千码③一千码架过来，公寓楼房一排一排挨过来。"这句话，想想应该用怎样的语速语气读。几个回合下来，学生恍然大悟：后面的一组排比句要语速越来越急，语气要越来越重，这样才能读出现代文明的飞速发展给环境造成的破坏，读出人们面对这一现状的焦急和无奈。

　　愿我们都用心去"潜水"，并牵引着学生也去"潜水"。

远程研修——"听"、"说"、"读"、"写"四重奏

远程研修,让我们穿越空间的阻隔,与专家、与老师、与学友日夜相处,从此,教学交流又多了一个平台。

远程研修,让这个暑假成为一段激情燃烧的岁月,必将成为记忆里永恒的风景。

远程研修,让教师的生命底色亮丽起来!

远程研修,你是一首"听"、"说"、"读"、"写"四重奏,丰盈着我们的精神家园——

"听"——听专家谈语文教学,听名师上示范课例,往往是一段话语使人茅塞顿开,一个环节让人回味无穷。方智范老师所谈的"文本有教学价值、有文本价值,两者是不相等的……只有胸有全局对文本的解读才不会支离破碎"让我领悟到语文教师对教材的把握必须有高度;谢佳老师所上的《我谈水浒人物》,设计巧妙,环环相扣,挥洒自如,课例中的精彩之处至今仍历历在目,让我对课堂教学设计有了更多的思考……听,我听到了名家的教诲,也听到了自己成长的声音。

"说"——每天集中观看视频之后,我们语文教师还要进行面对面的交流。"我觉得朱慧敏老师执教的《春》思路新颖,能够打破常规,师生交流也和谐融洽,好课哪!""我觉得也有遗憾之处,老师还是讲的多了,评的多了,给学生品味语言的空间不足。""我觉得承益群老师的《春》也不错,体现了老师扎实的语文功底,能够示范课文背诵,大家想,这对学生潜移默化的影响该有多深啊。"……说,七嘴八舌,越说思路越开阔,直说出了"万紫千红满园春"!

"读"——读了张伟忠老师的《彻底的行动来自彻底的思想》，我明确了教师必须让"以学论教"的思想在心中扎根；读了毕淑娟老师的《投石激浪，吹皱一池春水》，我领悟了设计有效课堂提问的意义和方法；读了每天亮起红灯蓝灯的推荐作业，我收获了先进的理念、精妙的教法、灵动的语言；即便是没有蓝灯闪烁的文章，字里行间也有许多经验值得借鉴，有许多感受引发了我的共鸣。还有还有，那一条条精心撰写的评论，不过三言两语，但是字字珠玑，简短却有物，意赅却有情啊……读，读出了同行们对语文、对教学、对学生的挚爱，读出了同行们心中那一份对教育的责任心和使命感！

"写"——每天的功课重心便是写作业。写？走上教坛已有二十年整，说来惭愧，除了一篇授课实录和一篇为完任务而提交的所谓论文，再没有任何创作，自然不会有一星半句变成铅字。作为一名语文教师，不善写作是我一直的心痛啊。写！作业发到网络上，有成千上万双眼睛盯着呢，不写不行，写不好还不行。绞尽脑汁，搜肠刮肚，有所借鉴，但绝不抄袭……远程研修，"逼"我动笔了。没想到，这一"逼"，"逼"出了一片繁花似锦：六篇作业，全部被指导教师推荐，四篇被专家推荐，其中一篇被推荐为资源，还有一篇被登载到课程简报上……写，我手写我心，写出了我的教学思考，写出了我的点滴收获。

远程研修，遇上你是我的缘——

因为有你，我的眼睛明亮起来了；

因为有你，我的唇舌生动起来了；

因为有你，我的肢体强健起来了；

因为有你，我的世界花香鸟语，五彩缤纷起来了！

远程研修，守望你是我的歌——

我会继续"听"，听遍教坛的妙谈高论；

我会继续"说",说尽心中的思绪感慨;

我会继续"读",读透文章的精髓要旨;

我会继续"写",写满生命稿纸的每一个空格!

远程研修,你这"听"、"说"、"读"、"写"四重奏,将是我今后教学生涯的主旋律,我会一路高歌,前行到底!

第三篇

有效教学管理的策略

激发初中学生的学习兴趣

学生学习兴趣的激发,是教育成功的重要标志。在教育过程中,不但教师要通过各种方法激发学生的学习兴趣,学生也应通过确立远大的志向,明确学习目的,提升需要层次,激发求知欲望,促进学习迁移来激发自己的学习兴趣。

所谓兴趣是人积极探究某种事物或某种活动的倾向。也就是人对事物感觉喜爱的情绪。学生的学习兴趣是在社会的各种实践中激发并发展起来的。人在社会实践中可能形成各种兴趣,有由事物或行动本身引起的直接兴趣;有由事物或行动的目的任务引起的间接兴趣;也有产生于活动过程中,而活动结束后即消失的短暂兴趣,更多的是成为个人心理特征的稳定兴趣。那么教师应如何激发学生的学习兴趣,使他们变学习的被动者为主动者呢?

一、学生如何激发自己的学习兴趣

(一)确立远大的志向,明确学习目的

志向是一种指向未来的价值目标。它能够激发人们的意志和激情,产生一种强大的精神量。马克思有句名言:"在科学上没有平坦的大道,只有不畏劳苦沿着陡峭山路攀登的人才有希望达到光辉的顶点。"周恩来在沈阳读书时,学习非常勤奋刻苦,小小年纪的他就经常与老师同学们探讨怎样救亡中国问题。有一天,魏校长给学生们上修身课,讲到"立命"这节时,突然提问:"你们读书是为了什么?"有的同学说:"为了给自己将来找条出路。"有的说:"为了发财致富。"校长连连摇头。最后问周恩来:"你呢?"周恩来从容地站起来大声说:"为中华之崛起而读书。"校长连连点头称赞:"好哇!为中华之崛起!有志气的学生，要学习周恩来!"仅仅十三岁时的周恩来在校长的激问下就确定了自己远大的志向，立志为中华之崛起而学习。他一生的奋斗正是为中华崛起不畏劳苦沿着陡峭山路攀登，终于达到了希望的光辉顶点。

（二）提升需要层次

兴趣，从某种意义说，是"力"的综合体现。其中包括动力、引力、智力、努力。需要本身就是动力就是引力。需要，像发动机一样牵动着一个人自身的思绪倾向，使之"一往情深"地倾心于需要对象，并尽力去理解剖析并加以改造。

（三）激发求知欲望

求知欲望是激发兴趣的直接导因。当对某一事物有强烈的求知欲望，就会情不自禁地接触、欣赏、研究它，从而激发了对这一事物的好奇兴趣。

（四）促进学习迁移

学生的性格爱好不稳定，他们的兴趣爱好也会受着各种因素影响而发生迁移。班主任巧用教学手段，因势利导循循善诱地把学生其他方面的兴趣激发迁移到学习薄弱环节中来，从而激发了学生的学习兴趣。

二、教师如何在教学中更好的提高学生的学习兴趣

（一）进行学科史教育，上好教学第一堂课

开端良好，成功一半。上好第一堂课，给学生留下一个良好的第一印象，是激发培养学生兴趣的第一步，也是最关键一步。因为人们对初次接触的事物都有一种好奇心和探究欲望，对每一门新开设的学科，每一位新结识的教师都寄予美好的期望，渴望从中能得到自己苦苦追求的答案，解除原有迷惘和疑惑，第一堂课往往给学生留下难忘的印象。教师精心备课，上好上活第一堂课，往往可以强化学生的好奇心，使学生觉得这门课"有意思"、"有趣味"，从而学习劲头倍增。倘若第一堂课上得干巴枯燥、单调呆板，学生则会感到索然无味"没意思"，美好愿望与实际相差很大，好奇心激发受到抑制，兴趣大为削弱。因此，教师的第一堂课都应该抓住学生的心理特点，潜心钻研教材、教法，将课上得生动活泼，妙趣横生，扣人心弦。

各学科的发展史是极其生动有趣的，它有许多优秀的人物传记和脍炙人口的轶事。教师可在第一课适当穿插进行学科史教育，向学生介绍著名科学家、学者献身祖国，献身科学的事迹，叙述他们在事业上的成功和失败、顺利和挫折、艰辛和快乐的故事，给学生以深刻启迪，留下终生难忘的印象，极大地提高他们的学习兴趣。

（二）提高语言表达能力，增强教学效果

各门学科都有它吸引人的地方，教材本身具有某些趣味性。不少教师由于缺乏教学语言的规范性、流畅性、艺术性，将妙趣横生的教材讲得索然无味，提不起学生的兴趣。反之，许多注意在教学语言上狠下功夫的教师，都把抽象的概念、原理、公式、定律结合形象比喻讲得亲切、生动、绘声绘色，令人回味，既活跃了课堂气氛，又集中了学生的注意力，激发了学生浓厚的学习兴趣。可见运用得好的教学语言，可以使枯燥的内容变得趣味盎然。教学效果的好坏，学习兴趣的产生在很大程度上取决于教师的语言表达能力。

（三）课堂提问，创设问题情境，激发求知欲望

课堂提问，就是教师将学生的认识和教材之间的矛盾揭示出来，作为一种信息传递给学生，使其产生疑虑之情、困惑之感，迫使学生阅读、思考的认知过程。课堂提问必须提得确切明白，且切中要害，难易适度。创设问题情境的方法很多，如：设疑、精问、制错、创难、求变等等，其中较常用的是设疑。我们知道，思维过程是从问题开始，问题的起点是"疑"，疑能使学生新旧知识发生冲突，能引起学生自觉的学习活动，使学生正确思维。从这个意义上看，教师教学的任务就是创设矛盾，教学的中心是引导学生去解决矛盾。因此，教师应该根据知识的结构和学生认识发展的规律，创设问题情境，激发学生求知欲望，使学生产生一种解决问题的强烈愿望和极大的兴趣。

（四）评价要多鼓励，不搞提问惩罚

由此可见，凡是学生感兴趣的事物，他们必然要力求认识它、研究它并占有它，从而获得有关的知识、技能，使潜在的创新素质和能力得以发展。因此激发学生学习兴趣，培养学生创新意识，是完善现代教育，确保教育实效的重要因素，是教育成功的重要标志。教师应通过各种途径和方法对此加以综合培养，以收到事半功倍的教学效果，从而进一步提高教学质量。

初中阶段常见的教学方法

初中是学生进入学习生涯的一个节点，学生现在基本有了自己的想法，因此，我们更要重视这个阶段学生的教育，所以我今天给大家带来了一些常见的教学方法，希望对大家有所帮助。

一、讲授法

讲授法是教师通过口头语言向学生传授知识的方法。讲授法包括讲述法、讲解法、讲读法和讲演法。教师运用各种教学方法进行教学时，大多都伴之以讲授法。这是当前我国最经常使用的一种教学方法。

二、谈论法

谈论法亦叫问答法。它是教师按一定的教学要求向学生提出问题，要求学生回答，并通过问答的形式来引导学生获取或巩固知识的方法。谈论法特别有助于激发学生的思维，调动学习的积极性，培养他们独立思考和语言表述的能力。初中阶段的教学常用谈论法。

谈论法可分复习谈话和启发谈话两种。复习谈话是根据学生已学教材向学生提出一系列问题，通过师生问答形式以帮助学生复习、深化、系统化已学的知识。启发谈话则是通过向学生提出来思考过的问题，一步一步引导他们去深入思考和探取新知识。

三、演示法

演示教学是教师在教学时，把实物或直观教具展示给学生看，或者作示范性的实验，通过实际观察获得感性知识以说明和印证所传授知识的方法。

演示教学能使学生获得生动而直观的感性知识，加深对学习对象的印象，把书本上理论知识和实际事物联系起来，形成正确而深刻的概念；能提供一些形象的感性材料，引起学习的兴趣，集中学生的注意力，有助于对所学知识的深入理解、记忆和巩固；能使学生通过观察和思考，进行思维活动，发展观察力、想象力和思维能力。

四、练习法

练习法是学生在教师的指导下，依靠自觉地控制和校正，反复地完成一定动作或活动方式，借以形成技能、技巧或行为习惯的教学方法。从生理机制上说，通过练习使学生在神经系统中形成一定的动力定型，以便顺利地、成功地完成某种活动。练习在各科教学中得到广泛的应用，尤其是工具性学科(如语文、外语、数学等)和技能性学科(如体育、音乐、美术等)。练习法对于巩固知识，引导学生把知识应用于实际，发展学生的能力以及形成学生的道德品质等方面具有重要的作用。

五、读书指导法

读书指导法是教师指导学生通过阅读教科书、参考书以获取知识或巩固知识的方法。学生掌握书本知识，固然有赖于教师的讲授，但还必须靠他们自己去阅读、领会，才能消化、巩固和扩大知识。特别是只有通过学生独立阅读才能掌握读书方法，提高自学能力，养成良好的读书习惯。

六、课堂讨论法

课堂讨论法是在教师的指导下，针对教材中的基础理论或主要疑难问题，在学生独立思考之后，共同进行讨论、辩论的教学组织形式及教学方法，可以全班进行，也可分大组进行。

七、实验法

实验法是学生在教师的指导下，使用一定的设备和材料，通过控制条件的操作过程，引起实验对象的某些变化，从观察这些现象的变化中获取新知识或验证知识的教学方法。在物理、化学、生物、地理和自然常识等学科的教学中，实验是一种重要的方法。一般实验是在实验室、生物或农业实验园地进行的。有的实验也可以在教室里进行。实验法是随着近代自然科学的发展兴起的。现代科学技术和实验手段的飞跃发展，使实验法发挥越来越大的作用。通过实验法，可以使学生把一定的直接知识同书本知识联系起来，以获得比较完全的知识，又能够培养他们的独立探索能力、实验操作能力和科学研究兴趣。它是提高自然科学有关学科教学质量不可缺少的条件。

八、启发法

启发教学可以由一问一答、一讲一练的形式来体现；也可以通过教师的生动讲述使学生产生联想，留下深刻印象而实现。所以说，启发性是一种对各种教学方法和教学活动都具有的指导意义的教学思想，启发式教学法就是贯彻启发性教学思想的教学法。也就是说，无论什么教学方法，只要是贯彻了启发教学思想的，都是启发式教学法，反之，就不是启发式教学法。

九、实习法

实习法就是教师根据教学大纲的要求，在校内外组织学生实际的学习操作活动，将书本知识应用于实际的一种教学方法。这种方法能很好地体现理论与实际相结合的精神，对培养学生分析问题和解决问题能力，特别是实际操作本领具有重要意义。

实习法，在自然科学各门学科和职业教育中占有重要的地位。这种方法和实验方法比较起来，虽有很多类似的地方，但它在让学生获得直接知识，验证和巩固所学的书本知识，培养学生从事实际工作的技能和技巧以及能力等方面，却有其特殊的作用。

对中学生常见学习问题的分析

从中学生的学习表现各方面，总结出以下几点：

一、 知识体系零散，基础知识不扎实，阶段考试成绩飘忽不定

表现：对有些知识点概念理解不清，习题处理有困难。在后续课程中涉及到此类知识点的相关知识会产生连锁反应，造成进一步的学习困难。

后果：这种现象持续下去，久而久之，就会象滚雪球一样形成恶性循环，使得学生对学习产生畏难情绪，导致学习成绩下降。

对策：

1.求教于老师。让老师给自己分析一下造成自己学习困难的原因和关键点。这里首推自己任课教师。因为对于你任何一个学科的学习，你的任课教师是最了解你的优劣所在的人，也是指点你解决学习困难的一个关键。如果你和任课教师的沟通有障碍（此问题解决对策见下文），还可以求教其他的相关学科教师。

2.制定解决方案。请老师帮助自己制定好一个有针对性的学习计划，包括时间计划、学习内容和形式等等。因为中学生已经经过了多年的学习过程，有些问题累计的过多，需要系统的来解决，不能只是头疼医头脚疼医脚，只是解决了表面问题，真到综合训练和考试的时候，问题依然存在。

3.下定决心，努力实施。解决自己沉积的问题，如同慢火熬药，不是一朝一夕的事情。需要有恒心、耐心。一定要付出多于其他人的功夫。切忌耍小聪明，敷衍了事。无论采取什么方案，都要扎扎实实的去做。有些同学的自我管理能力可能比较弱，这时候就需要请求家长、老师来帮助自己，监控自己对学习方案的完成情况。注意，因为是问题是自己的，家长和老师是来帮助自己的，所以无论在何种情况下，自己一定要保持良好的心态，这样才能让自己克服困难，解决问题。

二、平时的作业题都会做，但考试总是考不了高分

现象：老师在每节课后留的作业都能比较顺利的完成，正确率也比较高，可是一到期中、期末考试的时候，分数就不理想了，平时会做的题也做错了，稍微综合一点的题目也不能拿满分。

后果：使同学们的自信心下降，怀疑自己的能力，考试就底气不足，做题犹豫不决，耽误考试宝贵的时间，成绩下降。

对策：平常的课后作业、练习的目的是用来巩固、加强所学知识点记忆、理解和运用，并检测对所学知识点的掌握情况，一般多为专用知识点练习题目，综合性不是很强。期中、期末考试上阶段检测性考试，是综合考察同学们对本阶段知识点的掌握情况，因为篇幅和时间的问题，所以在设计考试题目的时候，往往会在每种题型中安排一些知识点综合类题目，以考察同学们对所学知识的运用能力。同学们出现这种问题，还应该肯定你达到了学习的基本要求，对基本知识点达到了理解掌握的层次，但是对该知识点还没有达到综合运用层次，对多个知识点之间的关系没有能够形成知识系统。要解决这个问题，应该在学习知识点完成课后作业的同时，参考相关类知识。同时，同学们也可以利用互帮互学来看看其他同学在某些知识点上都在注意什么、学习什么等等。同时，同学们在完成一个题目练习后，如果你能分析这个题目的设计思想，那么在今后遇到相关问题的时候，就会比较熟练。

另外，同学们在平时完成作业的时候，一定要注意时间的控制。不要有拖拉的毛病。因为考试的时候是在有限的时间内独立完成，气氛、心态都和平时有所

不同。大家在平时如果对待作业和练习以考试的状态处理，那么在考试的时候就会比较从容自如，更好的把握每一道考试题。

三、考试前不知道该怎么复习，复习什么

现象：每次到考试前复习的时候，看着自己的课本或笔记，感觉无从下手，不知道哪些该看、该记、该练，浪费了时间，也影响了心情。

后果：因为没能进行充分的准备，盲目应考，总会给自己造成遗憾。

对策：应考也应该做到知己知彼，才能百战不殆。对付每一次的考试，都要认真分析考试目的和重点。期中期末考试属于阶段检测性考试，目的是用来检测同学们对本阶段所学知识点的掌握情况。所以对于期中期末考试一方面要梳理自己所学知识点掌握的情况、重难点在哪里、典型题目、以往试卷等等。书要学到只剩下目录，也就是对于自己所学内容烂熟于胸，以课本目录为线索，就能把本阶段知识点、重点、难点、典型题目、自己的问题找出来，然后有的放矢，就容易把握复习要点了。凡是自己记不起来的、模糊的，一定是自己掌握不好的，需要再考前下工夫去的内容。

四、不知道问老师什么问题

现象：每次老师问还有什么问题的时候，自己总感觉没有什么问题。可是看到其他同学问的问题，自己也不明白；而且老师提问的时候，自己也答不上来。

后果：容易造成对知识点理解不够，掌握不好，为后续相关问题的学习造成隐患。

对策：造成这种轻快地的主要原因是对知识点学习的不够认真。对于同在一个课堂上听课，因为自己的走神，可能会漏听很多信息，甚至对于这个知识点很关键的信息。这样，对这个知识点的学习就会产生一知半解的情况，好像知道，又不全知道。自己心中就存在一个误会：这个知识点我掌握了。但是一到做作

业、考试的时候，这种误会就会造成题目不会做、或者做错了还不知道的后果。所以要解决这个问题，首先要让自己在课堂上认真听讲，不仅捕捉老师关于知识点的关键信息，而且要积极开动脑筋，跟上老师的节奏。这样就能保证自己能真正的学会本节课的内容。

有的同学是真的有问题要问，但是因为某些情况：比如面子啊、时间啊等等，不好意思问老师，或者没能来得及问老师，把问题给耽搁了，结果会造成本文1中的问题。这时候同学们一定要明白，无论是看起来严厉的老师还是有个性的老师，都不会厌恶好问的同学，你千万不能因为老师可能的态度或者语气方面的事情或者同学们的一些看法，影响你的学习积极性，也不能影响你尽快解决学习问题。问老师问题相当于给自己一个进步的机会，所以同学们一定抓紧一切让自己进步的时间和机会。

五、总觉得老师留的作业太多，总是完不成作业

现象：每天作业到很晚的时间，或者丢三落四，总是被课代表、老师追的团团转，即影响了身体健康，也不能保证学习质量。

后果：身心疲惫

对策：课后作业内容和数量是根据教学内容的要求去设置的。大部分老师是考虑同学们的学习情况安排本学科的作业的。有些同学对待作业的习惯不好，总是认为作业一定要有大块的时间去做，比如自习课或者回家后再做作业。其实做作业是要有技巧的。首先要做个计划，分析自己今天的作业按学科分都有哪些，有多少类，按照自己的情况，大致会用多少时间可以完成等等。第二要提高效率。对于不同类别的作业，利用不同的时间来处理，比如背诵、听写类的可以安排在课间和同学一起进行；朗读可以在早晨进行等。第三要杜绝一些不好的习惯，比如看电视写作业、听音乐写作业等等，这样容易分散自己的注意力，降低学习效率。同学们一定要认识到做作业不是为了应付老师或者课代表的检查，而是来巩固所学知识点。不要因为可能这项作业老师不检查自己就偷偷不做了。这样吃亏的只能是你自己。如果因为某种情况实在不能完成今天的作业，一定要请家长给老师做出解释，不能为了赶作业而影响睡眠，这样得不偿失。

六、上课时不能够专心听讲，总是走神

现象：课堂开始还能跟着老师走，可是听着听着就不知道老师在说什么了，思路就跑到其他事情上去了。

后果：不能掌握知识点，后患无穷。

对策：上课走神有几种情况：一是被一些突发事件所干扰。比如窗外忽然有什么事情发生了，有个什么突然的响动了等等，自己的思路走了就回不来了。二是因为课间和同学们讨论的事情一直放不下，自己的思路还一直处在课间问题的兴奋状态。三是因为对课堂内容不感兴趣，主动走思。四是因为视力问题，因为看不清黑板而降低对课堂注意力。但是，无论任何情况，课堂上不能专心听讲，是造成学习成绩下降的一个主要原因。解决的办法也有几种，客观上学校教室要保持安静，不容易被外界干扰。任课教师提高授课效果和效率，声音洪亮，板书清晰、方式新颖，用来吸引同学们的注意力在课堂教学上。同学自身也应该注意避免课间的强烈运动和玩笑、避免过多地参与与自身无关的事情中去。上课的时候，也可以通过记笔记的方式来强迫自己跟随老师的节奏走。

做务实高效的课堂教学

高效课堂是以最小的教学和学习投入获得最大学习效益的课堂，衡量课堂高效，要了解学生知识掌握、能力增长和情感、态度、价值观的变化程度。

一、高效课堂的四个维度

课堂教学不应模式化，但教学应该策略化。高效课堂要遵循一个原则，突出四个维度。 一个原则，即"学生思维在先"的原则。学生思维在先是常态，我们不排除在必要的时候，采取教师引导在先的做法。学生思维在先与新课程提出的"自主、探究、合作"的教学理念是一致的。如何保证学生思维在先呢？应提倡学生预习在先，在学生预习的基础上授课，这就是高效课堂的第一步。教师利用学生预习的结果上课，是打造高效课堂的第二步。用"解疑、强化、概括、总结"8个字可以概括，这也是高效课堂的四个维度。

解疑。教师必须明晰，学生的预习是帮助教师"找惑"，为学生解惑是教师的基本功，也是高效课堂的基本落脚点。

强化，学生经过自主学习也许会理解知识，但他们不了解知识的重点，即使知道了重点也未必会掌握，课堂上进行强化势在必行。强化不是机械性的重复，而是要突出针对性、重点性、要体现变化思维。强化的形式多种多样，如课堂练习、合作讨论、重点讲解、等等。

概括。概括就是简化，简化的东西往往能突出核心，核心就是能力。概括的形式很多，如主题词、一句话、一幅图，等等。没有概括的课堂很难说是高效课堂。

总结，与概括不同，总结体现了知识的系统性、逻辑性与层次性。因此，总结多用于一个知识单元，节概括多用于每一节课。一课可以没有总结，但必须有概括。一个知识单元必须有总结，帮助学生完成"从厚到薄"的过程。

事实上，解疑与强化是教师的初级劳动，概括与总结是教师的高级劳动。概括与总结的过程，就是帮助学生构建知识的过程。另外，只有在整个教学环节中，建立起师生互动，高效课堂才会真正实现

二、高效课堂的基本要素

（一）教学设计精当。

准确解读教材与学生，在能把握学情的基础上对教材、教学资源进行加工提炼形成目标明确、重点突出、脉络清晰、方式灵活、学法指导切合学生实际的教学设计。

（二）讲授精炼高效。

能抓住知识主线，做到层次分明、思路清晰、重点突出、讲练适度，组织严密。做到三个精讲——核心问题精讲、思路方法精讲、疑点难点精讲；三个不讲——学生已经掌握的内容不讲、讲了也不会的不讲、不讲也会的不讲。做到精讲、互动、与媒体交流（包括学生看书、练习等）有机穿插进行，力求课堂教学的每一分钟都发挥最大效益。

（三）主体作用发挥。

加强学法指导，努力改变学生的学习方式，充分调动学生积极性、主动参与性，发挥学生在教学中主体作用，使学生在激励、鼓舞和自主中学习，掌握知识与技能，培养创新能力和实践能力。

（四）分层教学落实。

根据学生个性、认知能力、思维类型等差异，实行分层设计、分层教学、分层指导、分层训练，使每一个学生都在原有基础上获得充分的最大化的发展。

（五）师生关系和谐。

师生之间具有愉快的情感沟通和智慧交流，课堂里充满欢乐、微笑、轻松、和谐、合作和互动。教师与学生建立了一种民主、平等、尊重、温暖、理解的师生关系。教师的亲和力和教学艺术对学生产生积极影响。

（六）教学目标达成。

完成教学任务，达到既定的教学目标。"两基"落实，当堂练习的完成率和准确率良好。学生掌握基本的学习方法，并获得积极的情感体验。

三、有效教学的"一二三四"

对学校而言，追求有效教学是一个永恒的主题。为了落实教学的中心地位，保持教学的有效性，我认为必须在教学中坚持"一个中心"、"两个基本点"、"三个有利于"和"四项基本原则"。

一个中心：追求有效课堂

有效课堂是学生自主的课堂。学生学习的过程是在原有知识的基础上进行自我构建的过程，不是教师的强行填充与灌输的过程。教师要努力将自己的教转化成学生的学，教学的过程就是教师通过组织、引导、激励和评价，带领学生进行自我学习、自我发展的过程。

有效课堂是关注情感的课堂。在有效课堂里，师生之间有的是平等对话和协商、友爱交流与合作，没有钳制和压抑、责骂和喝斥，应总是洋溢着动人的真情。

有效课堂是贴近生活的课堂。学生的抽象思维能力尚处于发展的过程之中，需要感性材料作为支撑，而丰富多彩的现实生活则是学生学习的兴趣之源。

教师在课堂上应力求以学生的现实生活为背景，从生活中挖掘丰富的课程资源，用生活材料为课堂教学服务。

有效课堂是重视活动的课堂。课堂上，教师不应陶醉于个人的精彩表演与展示，而应想方设法的引导学生通过说一说、做一做、写一写、听一听、看一看、议一议、试一试、尝一尝、练一练、摸一摸、想一想、演一演等多种活动方式，经历学习过程，强化学习记忆。同时教师要能根据教学需要和学生知识与能力状况变换活动的内容和方式，以活动贯穿整个课堂，使学生乐在其中、学在其中。

有效课堂是趣味盎然的课堂。学生具有强烈的好奇心和探索欲，教师要善于挖掘学习材料本身的趣味性，将知识用风趣幽默的语言和新颖奇特的方式呈现出来，让学生觉得学习是一种惬意的享受。

有效课堂是充满艺术的课堂。有效的课堂立足课堂却不囿于课堂，基于教材却不为之所困。在有效的课堂里，总有引人入胜的导语、余音袅袅的结语、渐入佳境的层次、一线串珠的设计、跌宕起伏的情节、娓娓动听的讲解、亲切从容的教态和恰到好处的评价。

两个基本点：教师发展点和学生生长点

学校领导要努力寻找教师在教学中的发展点，鼓励教师走差异发展和错位成长之路。所谓差异发展，就是根据每个教师的实际情况，帮助他们设计出有针对性的专业发展规划，不搞一刀切，不是齐步走而是有先有后、有快有慢。所谓错位发展，就是根据多元智能理论，帮助教师找准独特的优势区域，便于互相学习，取长补短。比如有的教师擅长作文指导，可以请他在语文组内介绍经验，并提炼出系统的方法；有的老师热爱写作可以鼓励他办班刊、出班报；有的教师解题能力强可以请他辅导学生参加奥赛，等等。

作为任课老师，要特别注重学生的生长点，从思想道德、知识能力、个性心理等方面的成长对他们进行系统的设计，并有步骤地培育。设计学生的生长点时应注意，思想教育要润物无声，人格培养要借助作品，知识传授要坚持"一得"，能力形成要把握"习得"，三维目标要求强调过程方法，教学要求因人而异。

三个有利于：学习兴趣、学习方法和学习习惯

有利于学生学习兴趣的激发。可以根据学生实际，恰当的进行讨论式教学，或改变作业与考试方法，变学生的被动学习为主动学习，或开展有趣的课外活动，多让学生动手实践，或运用多种教学方式，引起学生的新鲜感，等等。

有利于学生学习方法的掌握。着眼于学生的终身发展，要致力于教会学生学习方法。教是为了不教，教学的过程是教给学生学习方法的过程，要少讲巧练，举一反三，讲清规矩，要开展学习指导实验，探索指导学生学习的有效方法。

有利于学生学习习惯的培养。学习习惯学习过程中经过反复练习形成的，良好的学习习惯有利于提高学生学习成绩。良好的习惯包括认真听讲、主动学习、大胆质疑、独立作业，等等。

四项基本原则：因材施教、循序渐进、相观而善、循循善诱

因材施教原则。人才及其智能存在个体差异，教学既要面向全体学生，又要照顾个别差异，要把集体教学与个别指导结合起来，使每个学生的才能与特长都能充分的发展。鼓励冒尖，允许落后，关注全体，因人而异。

比如，作业多布置选做题，教学目标的设置与教学内容的安排都体现弹性，每一个层次的教学设计符合层次学生的学习现状，等等。

循序渐进原则。循序渐进特别强调要有计划性，要坚持备整册书、设计单元教案，教学要求应按由易到难、由浅入深、由简到繁的原则分成合理的层次，然后分层渐进。若发现缺漏则及时补救，培养学生系统学习的习惯。

相观而善的原则。合作学习有助于培养学生的合作精神、团队意识和集体观念，有助于培养学生正确的竞争意识和能力，同时通过小组同学间互动和帮助，

实现每个学生都得到发展的目标。要实现这一点，就要在教学中多开展交流讨论。

循循善诱原则。循循善诱是启发式教学的精髓，他要求在课堂上教师要尽量讲得少些，讲在该讲之处；问得少些，问在该问之处。讲的少却讲得精当，问的少却问得神妙，这才是真正的循循善诱。教学有术，诱导有法，循循善诱，效果奇妙。

构建高效课堂　放飞孩子梦想

课堂教学是实施素质教育的主要阵地，实践能力和创新精神的培养，应该首先从课堂教学上予以突破，而提高课堂教学效率就成为当前的首要任务。所谓"高效课堂"就是用尽可能少的时间获取最大教学效益的教学活动。开展"高效课堂"研讨，其指导思想归纳起来就是两个减轻两个提高：减轻教师的教学负担，减轻学生的学业负担，提高教师教学效益，提高学生学习效益。最终达到提高学校整体教育教学质量的目的。

从学生角度来讲，高效课堂应具备以下两个条件：一是学生对三维教学目标的达成度要高。二是在实现这种目标达成度的过程中，学生应主动参与并积极思。从这个角度来说，高效课堂就是学生主动学习、积极思考的课堂，是学生充分自主学习的课堂，是师生互动、生生互动的课堂，是学生对所学内容主动实现意义建构的课堂。

从教师角度来说，高效课堂应具备以下三个条件：一是教师能够依据课程标准的要求和学生的实际情况，科学合理地确定课堂的三维教学目标。因为教学目标的预设与课堂的实际情况不可能完全吻合，这就需要教师在教学的过程中对教学目标作出适时调整，最大限度地面向全体学生，使其更好地体现教学目标的适应性。二是教学的过程必须是学生主动参与的过程。这种主动参与主要体现在教师能否采取灵活机动的教学策略调动学生学习的积极性，能否积极引导学生积极思维，能否给予学生更多的时间和机会进行必要的合作和展示，使全班学生分享彼此的学习成果。三是教学中适时跟进、监测、反馈、消化，以多种方式巩固学生的学习成果，使三维教学目标的达成度更高。

第一，抓好教师教学观念的转变和教学方式的转变。教师教学观念的转变不是一蹴而就的事，必须在推进课堂教学改革的实践过程中不断推动教师观念的转变，进而转变教师的教学方式，以逐步消除由于教师讲得过多、学生参与过少而导致的靠大量课后作业来完成教学任务的问题，逐步解决忽视学生情感、态度、价值观目标实现的问题。

第二，开展以学课标、研课本、研方法、课后反思等为主要形式的校本培训。在教学实践中我们发现，在很多情况下，课堂的低效是由教师对课标与课本的学习与研究不足所造成的，而教师这方面的不足又影响和制约了其课堂驾驭能力，课堂驾驭能力又反过来影响课堂教学的效率。

第三，抓好教师备课中的备学生问题。不少教师在备课时，只习惯于备教学内容，而忽视备学生。如果教师不去研究学生对所教内容的掌握情况，不去研究学生的个体差异，一切从学生出发，课堂教学的适应性就会大打折扣，课堂教学的高效更无从谈起。

第四，研究和设计好课堂提问。在真实、常态的课堂教学中，我常常发现教师所提的问题本身就有问题，无效问题、假问题、无价值问题充斥课堂，教师的很多提问耽误了学生宝贵的课堂学习时间，影响了课堂教学效率的提高。因此，教师要高效地完成课堂教学任务，就必须注重对课堂提问的研究，所提的问题必须是有价值的、有启发性的、有一定难度的，整个课堂的问题设计必须遵循循序渐进的原则。

第五，加强对课堂节奏的把握和管理。课堂上，有的教师刚给学生提出问题，学生还没来得及思考，就马上要求其回答，这样不仅浪费了学生课堂思考的时间，而且有效性很差。这种形式主义的教学方式使无效劳动充斥课堂，严重影响了课堂教学的效率。有的教师让学生阅读课文、讨论、交流、做巩固练习等，不提任何时间和标准的要求，学生漫无目的地阅读与交流，课堂组织松散，时间利用率低。有的教师只对学生提出比较笼统的要求，学生不明白教师要他们干什么和要他们怎么干，这样，学生就失去了教师的有效指导。因此，要给学生一定的思考时间和思维空间，要减少"讲与听"，增加"说与做"，尝试"教与评"。

第六，积极实施小组互助学习制。现阶段，大班额的班级授课制也是课堂教学效率难以提高的一大原因。在小班化教学难以推行的现实条件下，在班内实行小组互助学习可以说是一个最佳选择。教师根据学生的认知水平和个性心理特点，可以把学生划分为若干个学习小组，发挥优秀学生的优势，积极推行学生互助机制，同时，教师通过对小组的学法指导和激励性评价，进一步提高学习小组的自主学习效果。这样，可以最大限度地面向全体学生，做到因材施教，以促进课堂教学效率的提高。

第七，推行作业分层布置制度。教师在布置课堂练习和课后作业时，必须充分考虑不同学生的学习水平，做到"不布置死记硬背、机械训练作业，布置启发性、思考性作业；不布置重复性作业，布置可选择性、层次性作业；不布置繁难偏旧作业，布置实践性、研究性作业"。布置的作业数量要少，质量要高，要避免进入"教师随意布置大量作业——学生应付作业——教师随意批改作业——教师再随意布置过多作业——学生再应付作业"的恶性循环，消除教师无暇顾及教学内容的研究和设计、无暇顾及研究学生的现象，从而解决学生不堪重负、疲于应付、厌学情绪滋生等问题。因此，加强作业的管理与指导，避免超负荷、重复性、低水平的作业，给每个学生留有充分自主发展的余地，是提高课堂教学效率必由之路。以上内容来自互联网，特此说明。

高效课堂其本质仍然是我们对新课程改革的深入推进，是实施素质教育和道德课堂的具体体现。高效课堂的提出和实施，对我们农村学校来说是一个新的挑战和开始，俗话说："教学有法，教无定法，贵在得法"，因此课堂效果如何关键在于课堂的实施者——教师和学生，尤其是作为课堂引导者的教师，我们要深入研究、多思善想，敢于创新、勇于实践，善于反思、总结提高。我相信我们遇到的困难一定不会不少，碰到的问题也会很多，因此我们要树立一种信念，把追求课堂教学的高效益作为自己一生孜孜不倦的追求，我始终坚信"不是一番寒彻骨，怎得梅花扑鼻香"，我们终会取得高效课堂教学改革的成功。

高效课堂教师必备八大教学素养

对于如何成为一位高效课堂的教师，必须具备以下八大教学素养。

一、回答好三个问题。

任何一位学科教师、任何一节课都必须回答好三个问题：（1）你要把学生带到哪里去？教师要回答的是学生的课堂学习目标问题：学什么？学到什么程度？（2）你怎样把学生带到哪里？教师要回答的是学习策略和学习过程问题。（3）你如何确信你已经把学生带到了那里？教师要回答的是学习效果的评价问题。回答不好这三个问题，一定不是一节好课。 二是具备三种基本能力。

二、具备三种能力。

即设计教学的能力(编写学习指导书、编制导学案)、实施教学的能力（构建课堂生态）、评价教学的能力（达标测评、跟踪发展）。设计教学的能力是基础，实施教学的能力是关键，评价教学的能力是保障。不具备这三种基本能力的教师，一定不是一位合格教师，也一定不是一位好教师。

三、把握三个前提。

即把握学科思想，掌握学科知识体系，明确学科课程目标。把握不好这三个前提，教学设计就无从谈起。

四、做到三个读懂。

即读懂课标和教材（学材）、读懂学生、读懂课堂。不懂得"课堂，究竟是谁的？"，既是师道问题，又是师德问题。

五、完成六个转变。

即教师变学长、讲堂变学堂、教室变学室、教材变学材、教案变学案、教学目标变学习目标。站在学生的立场上来思考教学，既是新课程的要求，又是师道的要求。

六、明确课堂方向。

课堂教学，要有效的落实三维教学目标，避免教学目标的虚化；有效地把握和利用课程资源，避免教学内容的泛化；既要充分发挥学生的主体性，又要把握教师的引导性，避免教师使命的缺失；既要追求教学方式的多样化，又要力求避免教学过程的形式化。课堂教学，要坚持以基础知识和基本技能为基础，在此基础上追求三维目标的全面落实；坚持教材是基本资源，灵活运用、扩展、开发、构建多种教学资源；坚持真正"学生"的主体性，也就是教师主导下的主体性；坚持以启发探究式教学为主，追求教学方法多样化。

七、解读课程标准。

细化解读课程标准，整合教材（学材），科学设置课堂学习目标，是教师专业成长的重要标志；是学科课程建设的首要内容，也是推进课程改革的当务之急！如果不进行学科课程建设，课程改革就是一句空话！细化解读课程标准，整合教材（学材），从基于学生学习的认知规律出发，科学设置符合"学情"的学习目标，是教师的基本功，是教师进行教学设计的前提条件。细化解读课程标准，整合教材（学材），科学设置课堂学习目标，实质上就是国家课程的校本开发（二次开发）问题，也就是国家课程在本校的有效实施问题，更是学科教师的学科能力问题。不会对国家课程进行校本化开发（二次开发）的教师，不是合格的教师。

八、构建道德课堂生态。

教育本身就是一种文化的传承，推进课程就是为了更好地实现文化的传承。

任何一位教师在课堂上都在"营造"着一种课堂文化氛围和课堂生态，学生都在进行着某种"文化适应"和自然成长。课堂中面临的问题实质上就是文化（生态）问题；可以说，课堂生态是现代学校文化的最高境界。构建道德课堂生态，必须进行课堂教学模式的改革和创新：开展教师、学生、文本三者之间互动的教学活动，实现从"单向型教学"向"多向型教学"转变；倡导以问题为纽带、进行启发探究教学，实现从"记忆型教学"向"思维型教学"转变；通过倡导合作学习，在教师之间、师生之间、生生之间形成和谐的人际关系，实现从"应试型教学"向"素养型教学"转变。

毕业班教学工作的加强

毕业班的教学工作一直是初中学校的重头戏,其教学质量是学校整体教学水平的体现,所以每一所初中学校都应当重视和加强毕业班的教学工作。

一、加强领导,端正认识

教学工作是学校的中心工作,提高教学质量是学校工作的永恒主题。初三毕业班工作是学校工作的重中之重,是展示学校办学质量的重要窗口,是学校实现可持续发展的生命线。因此,我们必须坚持"以质量求生存、以质量求发展",坚持抓好初三工作不动摇。

(一)加强毕业班工作的领导。

学校成立初三毕业班工作领导小组,及时分析中考备考中出现的新情况、新问题,研讨对策,制定切实可行的初三毕业班工作方案,组织、领导毕业班工作的高效实施。

(二)牢固树立质量意识。

教学质量是学校发展的主旋律,各校必须高标准、严要求,扎扎实实抓好初三教学工作,认认真真抓教学质量,努力办好人民群众满意的教育。

(三)深入教学第一线。

学校领导要加强教学调研,深入课堂、深入教师、深入学生,掌握初三工作第一手资料,及时发现问题、分析问题、解决问题。为毕业班工作提供决策依据,确保毕业班工作高效运行。

(四)做好思想政治工作。

学校要引导教师树立正确的人生观、价值观,激励教师振奋精神、勇于进取、求真务实、扎实工作，努力开创初三教学工作的新局面。

二、规范管理，注重质量

（一）加强对教师的管理

初三毕业班工作的成败关键在教师。学校要进一步加强教师队伍建设，加强师德和教风建设，提高教师教学能力和水平，为提高人才培养质量奠定坚实的基础。要根据教师的心理特点，尊重教师，加强宣传和引导，强化教师的责任意识，激发教师内驱力，调动一切积极因素，凝聚强大合力，为提高初三毕业班教学质量提供保障。

一是培养职业道德。要教育教师牢固树立"爱国守法、爱岗敬业、关爱学生、教书育人、为人师表、终身学习"的教师职业道德规范；帮助教师认识学校发展与个人利益的关系，激发主人翁意识，增强"归属感"；引导教师从培养人才、报效国家的高度认识高考，深刻领会"教好一个学生、造福一个家庭、报效整个社会"的内涵。

二是加强人文关怀。要关心教师的工作、学习和生活，帮助教师解决工作和生活中的实际困难，增强教师的情感认同，最大限度地调动教师的积极性。

三是实行循环教学。循环教学既是初中学校建设本身的要求，也是实行绩效工资后调动教师积极性的重要手段；既有利于初三教师全面掌握本学科初中阶段课程内容，熟悉学生学习情况，加强教学针对性，提高复习效率，更好地完成初三教学工作，又有利于教师队伍的稳定和学校教学质量的全面提高。

四是加强纪律约束。要开展纪律教育，引导教师认真执行教学常规制度。按时上、下课，不上无准备的课、不擅自调课和无故缺课，作业及时批改，规定的下班辅导时间必须准时到位，积极参加学科教研活动。

五是完善评价制度。学校要结合学校实际情况和绩效工资分配方案，完善对教师教学工作的科学评价制度，激励教师积极进取，争当"名师"。

（二）加强对学生的管理

1. 重视学风建设。

教书育人是每一个教师的天职，全体初三教师不但要努力提高教学质量，还要注意充分调动学生学习的积极性、主动性，发挥学生非智力因素的作用，满腔热情地关心学生的学习和生活，激励学生团结向上，奋力拼搏。

2. 抓好班风建设。

要积极开展班级集体教育活动，定期召开主题班会，对学生进行系列性的"学会做人、学会求知、学会做事、学会与人共处"的专题教育，培养学生的社会责任感和集体荣誉感。

3. 关爱学生成长。

要加大情感投入，建立新型师生关系，实现管理民主、教学民主、交往民主；要树立服务育人的观念，充分尊重学生的人格，关心学生的学习、生活（包括用膳、睡眠、体育煅炼、文化娱乐、合理放假等），保护学生的自尊心，培养学生的自信心；要认真落实贫困学生补贴等惠民政策，让贫困学生看到希望，消除后顾之忧，树立学习信心。

（三）加强过程性目标管理

各班要根据学生初一入学成绩、学生现有的知识和能力发展状况，以及历年抓初三工作的经验，科学确定学校的总体目标和班级目标。在总复习过程中，要以目标为依据有计划地做好复习效果的阶段性评估工作，在阶段评估中及时发现问题，并认真分析原因，及时采取有针对性的措施加以改进，阶段评估的成绩要作为学校考核教师教绩的重要依据。

（四）加强教学常规管理

教学常规包括备课、上课、作业布置和批改、考试和讲评、辅导、"补缺补漏"等环节。各校要狠抓落实，并加强检查督促，特别要把集体备课、作业精选与批改、单元测试、"补缺补漏"等常规工作落到实处，并建立相应的检查评比制度。

1.备课。

初三备课组必须抓好集体备课，要做到"三定、六备、五统一"。三定：定时间、定内容、定中心发言人；六备：备考纲、备教材、备学生、备教法、备学法、备信息；"五统一"：统一进度、统一重难点、统一目标要求、统一练习资料、统一检测考试。

2.上课。

课堂教学是初三复习的中心环节，是提高教学质量的关键。教师要努力提高课堂教学艺术水平。课堂上应做到目的明确，重点突出，难点分散，疑难抓准；教学条理分明，语言简洁生动，讲解深入浅出，板书工整科学。注意讲练结合，防止生的学习状况的基础上，确定辅导对象、辅导内容、辅导措施。特别要重视从学生实际出发，针对学生存在的问题给予具体的帮助和指导。要定期总结辅导效果，积累辅导经验。

3.考试。

考试是了解教学的一种必不可少的形式。应用考试手段来发现教学中存在的问题和学生的知识缺漏，有利于及时采取措施进行弥补，提高教学质量。

一是要按照中考考纲的要求编制试卷，试题要立足基础，并有一定的梯度和区分度。

二是要加强考试过程管理，精心组织每次考试，严肃考风考纪，特别要高度重视学生运用现代通讯手段作弊的问题。

三是要严格按评分标准给分，对于卷面不清、书写潦草、表达不清的试卷要严格把关，引导学生养成良好的应试习惯。

四是要及时做好成绩统计和质量分析工作，对于学生存在的问题要认真分析原因，及时讲评，及时调整复习策略。

三、科学备考，提高效益

（一）加强学习，把握高考命题方向和要求

要组织新老初三教师认真学习中考命题的教学建议，认真钻研课标和教材，认真研究"考纲"、"考试说明"和外来信息，认真分析新课程中考试卷，切实把握中考的命题方向和要求。要求任课教师深入研究学生、研究教法和学法。备课组教师间要经常开展相互听课活动，相互取长补短，提高复习教学的有效性。

（二）立足基础，提高能力

新课程中考立足能力，而能力的提升离不开扎实的基础。因此，在初三复习教学中要根据课标、教材要求，夯实基础知识；要重视渗透新课程理念，注重知识的形成过程。特别是第一轮复习要紧密结合教材，帮助学生系统梳理基础知识、基本方法。通过点、线、面把零散的知识系统化、条理化、网络化；通过归纳、总结、类比、联想，增强知识的系统性和条理性，培养学生思维的灵活性；要让学生了解知识的产生和发展过程，联系实际，学以致用，避免过分依赖复习资料，脱离文本，脱离实际，以讲解习题代替基础知识复习的不良倾向；通过典型例题的分析讲解和有针对性的练习，帮助学生熟练掌握基础知识，提高学生分析问题、解决问题的能力；要引导学生回归课本，依照考试说明的要求，对每一个知识点逐一落实。

（三）狠抓课堂教学，提高45分钟效益

课堂教学要始终坚持以学生为主体，以教师为主导的教学原则，创设良好的课堂氛围，精心选择例题、习题，精讲精练，精心设问，充分调动学生思维的积极性；要为学生创设宽松的学习环境，使学生真正成为学习的主人，积极引导学生敢于质疑问难，启发学生主动发现问题、提出问题、解决问题；要结合考纲分清教学的要求和层次，每节课都要让学生有所收获；要总结知识的内在规律，摸准学生易错点、易混点和易漏点；要有目的地引导学生关注相关社会热点和一些社会现象，联系实际，提高学生应用所学知识分析问题和解决问题的能力；要充分利用现代教学手段进行辅助教学，增加课堂教学的容量和知识的直观性。

（四）加强教学的计划性、针对性和有效性

计划性：要合理安排好复习时间，做到长计划、短安排，防止出现因复习前松后紧而导致高考前草草收场的被动局面。

针对性：要吃透考试大纲、考试说明，把握重点、难点；掌握高考知识点分布的权重，了解学生掌握的程度，避免教学的随意性和盲目性。

有效性：精选典型试题，以点带面讲清讲透，避免吃夹生饭。复习教学要有层次性，由浅入深，逐层推进。既要避免讲得肤浅，又要避免讲得太深，学生听不懂。

（五）加强学法指导，提高学习效率

要培养学生养成以下良好的学习习惯：先预习后听课的习惯；独立思考、认真作业、及时反思和总结的习惯；规范表达、书写整洁、有效答题的习惯；注重基础、注重教材，不钻难题、偏题、怪题的习惯。

（六）选择好复习资料，不搞题海战术

为了切实减轻学生的学习负担，提高学习效率，在名目众多的复习资料中，教师要认真过滤，精心挑选出适合本校学生实际的资料，针对有些资料的不足和缺陷，教师要善于增减、改编；对于外来试题要精心选择，不搞题海战术；教师

平时要对各种试题进行梳理归类、裁剪拼接、分别归档，建立自己的试题库。

（七）发挥学生的非智力因素，提高学生自信心

一是教师对每位学生的特点要做到心中有数。要及时了解和掌握学生心理发展轨迹，对学生的心理发展趋势要有预见性，对出现心理不适和心理障碍的学生要及时做好心理疏导工作，扮演好"心理医生"的角色，加强家校联系，保证所有学生能以健康的心态投入到初三复习中去。

二是教师要努力走进学生心灵，加强个别指导，关注弱势群体，把握学生思想动向，适当组织课外活动，适时调整学生学习、生活的心态和兴奋点，保持适度紧张，帮助他们不断克服思想上和学习上的困难，提高学生自信心，促使他们走向成功。

四、健全制度，抓好落实

为了确保初三工作的各项措施落实到位，学校必须建立相应的检查督促和评价制度。

（一）建立健全领导听课制度。

学校初三工作领导小组成员要有计划、有目的地深入初三课堂听课。通过深入课堂进一步增进领导与教师的感情、领导与学生的感情；进一步了解教育教学的真实情况，督促教师认真上好每一节课。原则上每位初三工作领导小组成员每学期听课不少于20节。

（二）建立健全教案、作业检查制度学校。

学校每学期要普遍检查一次或二次教师的教案及所批改的学生作业，并及时公布检查结果。

（三）建立健全学生对教师的评价制度。

学校每学期要召开一次或二次的学生座谈会（或问卷调查），全面了解教师的上课、作业布置和批改、下班辅导和考试等方面的情况。还可通过召开家长座谈会，收集学生家长对教师的教学建议。

（四）建立健全初三教育教学情况反馈制度。

学校要在显要位置设立初三教育教学情况意见箱。鼓励学生对初三教育教学工作献计献策，及时反映教师在教学中存在的问题。

（五）建立健全局、校质量监控制度。

构建系统的、科学的、有效的教学质量监控体系，采取行之有效的教学监控措施，是确保初三教学质量不滑坡的重要抓手。统一组织考试，统一组织评卷，作为对学校质量监控的重要手段。学校要遵循"全面性、全员性、全程性"的管理原则，建立健全切合本校实际的质量监控体系，对年段、班级以及科任教师的教学过程和质量进行全面监控。

（六）建立健全激励制度。

初三教育教学工作中，初三教育教学工作中，敬业爱岗、受到学生好评、成绩优秀的教师，学校应给予表彰，并在评优评先、职称评聘、职务晋升、外出学习等方面优先考虑。与此同时，因主观原因或管理不善造成初三教学成绩差的班主任或教师应向学校作书面说明。

（七）建立健全教师流动制度。

在初三教育教学工作中，责任心不强、学生满意率低、教学成绩差的教师，学校应给予批评教育，造成严重影响的；教学能力、教学水平以及师德修养与优质初中办学水准不相适应的教师，也应给予合理流动，逐步建立优质初中教师能进能出、能上能下机制。

以上意见，各毕业班要认真贯彻落实，并以学年为单位制订相应的初三毕业班教学管理意见；学校对上下学期两次贯彻落实本意见情况进行全面督查，并对督查情况进行通报。

初中教学管理的有效方式

对于教学的课堂来说，井然有序的课堂秩序则是顺利进行教学的基础。著名的教育家赫尔巴特就非常强调课堂秩序，他曾说过，如果不坚强而温柔地抓住管理的缰绳，任何功课的教学都是不可能的。因此，正常的课堂秩序不仅可以保证教学的正常进行，同时还可以培养学生养成良好的思想品质和行为习惯。

一、抓教学思想和教学观念的转变，提高全员的思想和理论水平

从理论和实践的角度不难看出，教师的主导作用是"以学生为主体，以教师为主导，以训练为主线"教学思想的关键。教师是教学实践活动的设计者，同时又是教学实践活动的指导者和参与者，对学生要"导之以学"、"导之以练"。教师必须用科学的观察和方法认识、分析教育的对策，才能导之有据。教师必须要树立为二十一世纪培养人才的教学目的观和促进学生德智体美劳全面和谐发展的教学任务观，才能导之有方向。教师必须要树立师生合作、互相作用、教学相长、共同发展的教学过程和以启发式为核心的择善而从，整合优化的教学方法观，才能导之有法。

由于实行划片就近入学的办法，普通中学的教师如何发挥、启动后进生的主体作用就成为更为迫切和现实的课题。后进生在学习上的主要表现是成绩差。他们给人的初步印象是"笨"，学习态度，学习方法，学习习惯都存在着明显的差距，知识缺欠很多。容易使人产生这样的看法：这样的学生根本没法子教。实践证明，后进生是有办法教的，而且绝大多数还可以教好。关键是要树立一个正确的观点：学生有好中差之分我们无法选择，可以选择的是自己的施教方法。教师

为主导,学生为主体,训练为主线是以后进生为其主要教学对象的。初中阶段是九年义务教育的后三年,要全面落实教育方针,全面提高教育质量,提高民族素质,多出人才,出好人才,完成九年义务教育的任务和目标,放弃后进生显然是万万不行的。

二、提倡学生的自主性学习,让学生爱上学习

在初中教学的过程中,要积极的提倡学生自主学习的主动意识。主动意识是指作为认识和实践活动主体的人对于自身的主体地位、主体能力和主体价值的一种自觉意识,是主体自主性、能动性和创造性的观念表现。增强学生的主体意识,有利于促使学生主动参与自身的发展,进而促使创新意识的产生。学生作为教学的主体,如果自身没有主动、积极地唤醒自己的创新意识,是很难在教师的推动下,培养出创新思维能力的。所以,必须唤醒学生自主学习的意识,让学生爱上学习,学习才会有效果。

在教学过程中要做到以下几点:一是要积极的引导学生参与到学习的讨论与设计之中,努力的提高自身的学习水平和学习态度;二是要在教学的过程中改变学生学习的方法,让学生从被动的学习方式转变成主动的接受知识,从而提高学习的效率;三是要能够让学生在课堂的学习中不断地挑战自我,并不断地提出质疑,让自己的思维变得具有创新性,在教学中不断地体现出其独立性和自主性,能够独立的完成作业、独立的进行问题思考;四是教师要能够积极地引导学生,让他们认识到学习的重要性,在学习活动和学习结果方面进行自我监督,经常性的对自己存在的问题进行反思,并采用有效的办法进行解决,对于解决不了的问题,由教师进行认真的引导,最终提高学生的学习效果。

三、重视师生之间的情感交流

师生之间和谐融洽的关系要以情感交流为基础,要学生服从教师的管理,首

先要得到学生的认可,如果学生在心中对教师有抵触情绪,教师的管理工作便很难开展。因此,教师和学生之间要勤于交流,建立融洽的师生关系,为教学管理的实施打好基础。教师应将学生视为朋友,而不是被管教的对象,对学生进行强加管理。教师要把每个学生看作自己的孩子以理服之,以情感之,使学生在感动中主动配合教学管理工作。教师不应对学生进行打骂、体罚,学生在学习上有了进步,或是做了一些乐于助人的好事时,应适时予以鼓励,并告之家长,学生稍有错误就联系家长的行为是不可取的。新课程理念要求教学管理应以学生发展为前提,我们应做到:首先,对学生一视同仁,让每一位学生都感觉到被关注;其次,对学生的情感和内心进行关注,定期与学生进行情感交流;最后,对学生思想品德的塑造进行关注。新课程强调以学生为本,强调学生是发展的人,因此,我们在教学管理中要将尊重、民主的精神充分体现,构建和谐的师生关系。

四、抓教学的科学性评价,全面提高教学质量

评价体系的构建应当遵循科学性、实效性、公平性、全面性、激励性和可操作性的原则。所谓科学性即要建立符合科学管理规律的必要的评价标准和评价办法;实效性即要使评价的标准和评价的办法符合学校的实际,通过评价产生积极的效用;公平性即要坚持评价的客观标准,公正地评价教师的教学实践;全面性即要评价教学工作的各个方面和各个环节;激励性即要建立多劳多得,优质多得的机制,同时要有精神奖励的制度和办法;可操作性即要使评价标准易于遵循,易于检查、衡量、统计、区分,易于综合和比较。教学评价要紧紧抓住和突出教学质量这个核心,要以课堂教学质量和效益为重点、要以教学成绩和成果为重点。义务教育完成率,毕业合格率是非常重要的指标,教学工作的评价要把这两项指标做为重要的内容。

五、充分应用现代教育技术

随着信息技术的发展，现代教育技术已成为初中教学发展的依托，只有现代教育技术得到发展、提升，改革背景下的教学工作才得以顺利开展。这就要求初中院校要对教学软件进行不懈地开发和应用，探索与现代教育技术相结合的教学路径。基础教育将借助网络信息技术实现大跨度的发展各级学校的教研成果，对于现代教育技术教学也起到一定助推作用。学校教师应对以往教学资源建设的经验进行总结，以实现课堂教学的不断优化。

中学阶段如何营造良好的课堂氛围

美国心理学家罗杰斯认为:"成功的教学依赖于一种真诚的理解和信任的师生关系,依赖于一种和谐安详的课堂气氛。"新课程标准倡导学生自主探究、合作交流、实践创新的学习方式。而在素质教育的主战场——课堂教学中,需要教师为学生营造一种生动、活泼的教学氛围,一种良好的课堂气氛。

努力创造良好的课堂气氛,让学生在课堂上保持健康向上的心理状态,这不仅能使学生积极主动地进行学习,而且还会大大增强学习的能力。相反,如果课堂气氛沉闷,学生学习过程中的心理状态不佳,对学习抱消极态度,就会使学生的学习动机弱化,学习效果得不到保证,久而久之,对这门学科的学习兴趣丧失。因此,努力创造一个良好的课堂气氛,就成为教师提高课堂效益,学生自主探究、合作交流的有效途径。那么如何营造良好的课堂心理气氛呢?

一、建构和谐的师生关系

师生关系,顾名思义就是教师和学生之间的关系。它在本质上反映着师生间寻求满足其社会需要的心理状态。

师生关系和谐的关键在于心灵和谐,能够正确处理教师权威与学生尊严,教师教权与学生学权,教师完美与教师真实之间的平衡关系,懂得师生之间建立心理契约的重要性,学会保持师生情感关系的张力适度。

建立和谐、民主的师生关系,形成良好的学习氛围,是上好一堂课的基础。我们要充分运用"亲其师而信其道"的心理效能,强化师爱的作用,从步入教室的那一刻起,把微笑带进课堂,把激励带进课堂,把竞争带进课堂。从宣布"上课"向学生问好开始,眼神、表情、话语、举动都充满着爱,用自己的形象去感染学生,做学生学习的引路人,创造出一种宽松和谐、相互信赖的教学氛围。这种良好的师生关系能产生强大的推动力,促使师生一道共同努力去完成教学任务,达到教育目的。

良好的师生关系并不是在课堂上一下子形成的,而是在平日里逐渐培养起来的,平时里,教师应该言行得体,平易近人,关心学生,还要有良好的教学声誉,这样,教师在学生中享有了威信,使学生觉得可敬、可亲、可信,教师平时不经意地对学生的一句问候,或许会使这位学生对你亲近。所以,上课时的课堂气氛如何,在很大程度上取决于教师平时对待学生的态度。当然,课上和课下的师生关系毕竟有差别,而一些学生无视这些差别,把课下和老师的随便言行也照搬至课堂上,使得自己的言行常常出格。对此,教师就要用恰当的方法加以调整,不让这些言行影响大局。使课堂教学过程既活跃热烈,又严肃、认真,把学生的情绪引导到有利于学习的状态中去。

我在教学中,开学之初就了解到各个学生的生日,每逢某个同学生日,我会给这位同学送上一张自制的小卡片,写上一段祝福的话,这样,一下子拉近了师生间的亲近家了这种基础,就为营造一种良好课堂教学气氛提供了条件。

二、创设轻松、愉快的心理氛围

一个人的心理素质,影响着他的行为动力、行为方式,也直接制约着他的行为的有效性。孔子说过:"知之者不如好之者,好之者不如乐之者。"由此可以看出,在课堂教学中,想方设法创设轻松、愉快的心理环境是提高深堂教学效益的核心。因而在教学中,教师要倾注自己满腔的热情,架设心灵沟通的桥梁,从学生心理特点、个性特点出发。为学生创造开朗、活泼、进取、向上的心境,以此产生强有力的乐学"磁场"。诱导、激励学生积极主动地参与学习过程,并在学习过程中学会学习。教师在课堂教学中还必须做到如下几点:"解放学生的眼睛,解放学生的脑子,解放学生的双手,解放学生的嘴,解放学生的空间,解放学生的时间","尽量让学生独立观察,尽量让学生动脑思考,尽量让学生动手操作,尽量让学生动口表述,尽量让学生自主活动和发现问题、质疑问难,尽量引导学生标新立异,让他们做时间的主人、学习的主人"。只有这样,才能使学生始终保持心旷神怡的心境和浓厚的兴趣,进入"书山有路趣为径,学海无涯乐作舟"的最佳境界。

三、精心设计教学过程,寓教于乐

古话说:乐学才能善求。中学生一般爱说爱动,自我表现欲望、参与意识强烈,容易对新鲜,有趣的刺激产生兴奋。但注意力容易分散,自制力较差。因此,我特别注重教学过程的设计,在课堂教学中,充分利用音乐、美术、朗读、游戏、表演等形式组织课堂教学活动,合理考虑其趣味性、参与性和竞争性,保证每个学生都能够参与,乐于参与,并通过这些活动真正做到学有所获,学有所乐。

在教学过程中,我常常把游戏、表演等学生所喜欢的娱乐形式引进课堂,通过游戏、表演等活动,既激发了学生的求知欲和学习兴趣,使学生精神振奋,从而进入最佳的学习状态,又能对学生思维、记忆、理解、反应等能力进行综合的训练。因此在教学过程中根据需要适当地安排一个游戏或表演活动,可调节教学节奏,活跃课堂气氛,降低学生的枯燥感和疲劳感,从而提高下半节教学效果,使学生产生一种欲罢不能的感觉,让学生对下节课产生了期待心理。

四、要提高教师本身的教学艺术

教学艺术是教师达到最佳教学效果的方法,技巧和创造能力的综合表现,它主要表现在教师对教学过程的把握和教学方法的运用上。在影响课堂气氛的诸因素中，教师的教学艺术是一个重要因素，教师首先应从教育思想和教育方法放手，应积极培养和保护学生的好奇心、探索欲。"学起于思，思源于疑。"鼓励学生独立思考，大胆质疑。同时，教师要善于用自己的态度、语言和技巧创设一种宽松、和谐和进取的课堂气氛，使学生思维处于高度活跃状态，此时，教师也不需担心教学效果如何。

五、课堂教学的人际关系中，学生之间的关系也不可忽视。

听老师讲解时，每个学生都应该全神贯注，不应相互打扰。在有同学回答老师的提问时，其他同学要认真听，答对了固然好，如果答错了，其他同学也不能讥笑。在上讨论课时，同学们一方面要勇于陈述自己的观点，另一方面也要允许别人持与自己不同的观点。双方在辩论中要力避人身攻击。只有在学生之间的良性互动中，课堂教学气氛才能活而不乱，教学效果才能有保证。

综上所述，课堂心理气氛是影响教学效果和学习效果的重要因素，教师在平常教学中给予足够重视，才能正确把握课堂教学的各种要素。并处理好这些要素间的关系，才能创造良好的课堂气氛，收到良好的教学效果，提高课堂教学效益，才能让学生在新课标下真正实现自主探究、合作交流、实践创新的学习。

因材施教　善启心灵

福禄倍尔说过："按上帝精神的作用和从人的完美性和本来的健全性来看，一切专断的、指示性、绝对的和干预性的训练、教育和教学必然地起着毁灭的、阻碍的、破坏的作用。因此，为进一步接受大自然的教训，葡萄藤应当被修剪。但修剪本身不会给葡萄藤带来葡萄，相反地，不管出自多么良好的意图，如果园丁在工作中不是十分耐心地、小心地顺应植物本性的话，葡萄藤可能由于被修剪而被彻底毁灭，至少它的肥力和结果能力被破坏"。由此可以看出，对待不同的孩子我们应该采用不同的方式加以教育和评价，不能采用一刀切的方式横加判断和教育，否则会扭曲孩子的天性，不能让孩子达到最优秀。

因材施教是指面向全体学生，发展学生个性，营造、和谐、自由、安全的教学氛围，教师依据学生的实际教学情况实行相应的教育，教师始终处于主导地位。在这个过程中，先由教师去认识学生、了解学生，做到及早发现人才，发展个性，进而根据学生的不同特点，施行不同的教育，使学生的个性按照不同的途径，不同的条件和方式，得到充分、和谐、健康的发展。现在我们的教育模式很多采用的都是"齐步走"的做法，抹杀了学生的个性差异，出现了优生"吃不饱"、后进生"吃不了"的怪现象，不能保证全体学生素质都得到提高。不论是学习好一些的，还是基础差一些的，都各有所长，各有所短，他们在多方面都存在着较大差异。譬如，有一些学生，学习成绩不理想，但在其他方面却有出类拔萃的才能，例如唱歌、跳舞、体育、绘画、动手能力、组织能力等等，但因为缺少真正的发现、鼓励、培养，他们的这些特长爱好得不到发挥、得不到锻炼，往往遗憾地沦落为班上的差等生。那么，作为教师，怎样做才能充分挖掘和培养每个学生身上的特长，怎样才能处理好个体发展与群体教育、因材施教与面向全体学生的关系呢？

一、激发兴趣，发展个性

兴趣是个性的一个侧面。它是指一个人力求认识某种事物或进行某种活动的倾向，也就是产生心理活动和行动表现的原动力。兴趣是引起学习动机的一种重要的心理因素，与学习有着直接关效果系。例如，上课伊始创设"问题"情境，把学生引入所设计问题情境中，触发学生产生弄清未知事物的迫切愿望，诱发出探索性的思维活动。此时，上等生通过引导点拨、豁然开朗，中下等生产生了"心求通而未通"，"口欲言而未能"之感。使全班学生均产生跃跃欲试的心理状态，把学生引到主动探索知识的航道上，培养和激发学生的兴趣。再如根据教材特点创设"操作"情境，通过操作，探索规律，把感性认识逐步上升到理性认识，使学生感到自己是一名发现者，研究者和探索者，亲自尝试到学习的快乐。

二、培养能力，发展个性

能力是人们顺利完成某种活动所必须的个性心理特征。培养高素质人才，即要注意发展学生的一般能力。也要根据他们各自的差异，在发展一般能力的基础上，培养他们的特殊能力。做到面向全体，因材施教，培养能力，发展个性。例如：在用尝试法教学时，要根据学生一般能力上的差异，正确估计错误率和错误症结，使教学"有的放矢"，因材施教，克服教学中的主观性、盲目性，提高课堂效率。再如，为学生创设讨论的机会，让各层次的学生充分讨论，集思广益，进行研究性学习，变教师的"一言堂"为"群言堂"。以学生为主体让学生自己想、自己说，通过语言表达和说理等训练，缩小学生在能力上的差异，使学生的个性得到充分的发展，促进学生逻辑思维能力的提高。在发展学生一般能力的基础上对于学生特殊能力的培养也要给予足够的重视，使他们的独立思考、想象、创造等特殊能力得到充分的发展。创造能力是现代人才的核心特征，能否培养出创造性的人才，决定着一个国家在未来的科技竞争中能否有一席之地。因此，我们在教学时要根据学生特殊能力差异的实际，因材施教，教学生学会创造、发展个性。

三、扬长避短，发展个性

由于人的性格和气质各不相同，所以，我们要了解掌握学生气质和性格的特性与差异，根据性格的可塑性，做到发挥他们积极的一面，克服消极的一面。对学习有困难的学生，应及时捕捉其闪光点，即使他们的表达不完整或者是不正确的，对于他们勇于发表自己的见解，也要给予赞许和肯定。让他们感受到教师在注意自己、关怀和喜爱自己，从而产生良好的学习情绪，增强克服困难的勇气。做到在教学过程中根据不同气质、不同个性的差异，因材施教、扬长避短、发展个性。

俗话说："一把钥匙开一把锁。"每个学生都有各自的特点，教师不能一视同仁，必须因材施教、因人而异地积极鼓励学生，培养他们的学习兴趣，减轻学生的心理负担，创设宽松、民主和谐的氛围，使其个性得到充分发展，让学生积极有效地参与学习的全过程，在教学工作中，要不断更新自己的知识，完善自己，充实自己。关注每一位学生的全面发展，要公平对待每一位学生，尊重他们的人格，包容他们的缺点，从内心深处关爱他们，努力使每一位学生都能"天生我才必有用"。我坚信：一分耕耘，一分收获。只要经过教师的辛勤耕耘，我们的学生一定会全面得到发展！

初中教学中因材施教的措施

因材施教是春秋时代大教育家孔子开创的,他的基本做法是:首先观察了解学生的行为、经历和爱好,听其言,观其行,在全面掌握学生实际水平的前提下,针对学生的不同特点,施以针对性教育。

教育的目的是什么?说到底就是为了把学生培养成各有所长的人才,让其适合社会的需要,为社会各行各业服务。人才也不是样样俱能的全才,绝大部分是具有一技之长的专才。在教育过程中要把所有学生都培养成优秀的全才是不可能的,"尖子"仅仅学生中的小部分。所以在人才培养的方法上,教师应采取"因材施教"的原则,从了解学生入手,利用各种机会和学生谈话,了解他们的思想、志趣和爱好等,注意平时经常性的观察,正如孔子所说"视其所以,观其所由,察其所安",摸清楚每个学生的个性特点、兴趣、爱好,优点和缺点,从学生的实际情况出发,发挥每个人的潜能和积极因素,补充个人的短处不足,"长善救失",选择最有效的教育途径,使具有各种个性差异的学生都能各得其所地获得最大限度的发展。

初中学生因为各种原因,个性差异明显,学习层次也不同,且不可采取一刀切的教学方法,"可一共学,未可与适道,可与适道,未可与立;可与立,未可与权",这值得我们反思与借鉴。教学中,要平等对待每个学生,培养"优生"和转化"后进生"是一件艰巨的任务,对"后进生"更要多花精力,多倾注爱心。学生不良行为的产生,在很大水准上是因为日常学习中屡遭失败和挫折留下的"后遗症"。如:因为学习成绩差带来的家庭斥责、惩罚,同学歧视、嘲笑,集体活动受到排斥等。因为担心遭受或以前受到讥讽、嘲笑和惩罚，这部分学生往往是既自卑又自尊，过于敏感，对老师和成绩好的同学存有戒心和敌意，不愿接近，认为老师和同学轻视自己，厌恶自己，常以沉默、回避、怀疑的态度来对待。处于这种心态下，教育和沟通是很奏效的。一个班级的几十名学生中，总有学习成绩相对较差、思想品德等方面发展有差异的学生，这些学生通常被称为"后进生"。转化这些"后进生"，关键在于老师，要遵循教育规律，掌握每个"后进生"的心理特点，讲究教育方法，以正面教育为主，使教育具有针对性，激发学生的进取心、求知欲。在教学中贯彻"因材施教"的原则，前提是对学生实行全面客观的分析，即从学生的学习基础（包括薄弱环节）、智力状况（记忆、观察、理解、思维等方面的状况）、心理品质（理想、动机、信心、毅力等）以及学习方法等方面作全面分析，找出影响学生学业成绩的主要矛盾，重点突破，以收到预想的效果。俗话说："十个手指扯不齐"。学生的接受水平，智力发育的水准有早有迟，所以全班几十名学生不可能"正步走"那样整齐划一。为了让所有的学生都有所收获、有所进步、对学习充满信心，教师必须做到"因材施教"。

治病要对症下药，育人就要"因材施教"。因为"后进生"在学习过程中听到的大多是批评、训斥、责备、挖苦，往往比较心虚、自卑，甚至有敌意，常常以为自己无论表现如何，老师同学都是轻视他、厌弃他，因而常持沉默、回避的态度，抵制外来的教育和协助，老师的教诲在他们身上就很难生效。对此情况，我们要反复琢磨、重温《教育学》、《心理学》，分析学生心理状态，根据学生的年龄、个性特点和各自的错误行为产生的原因对症下药，采取切实有效的教育措施。

教育是塑造灵魂的艺术。"后进生"一般都有恐惧心理，对老师存有戒心，这就要求我们老师动之以情，晓之以理，关怀体贴，诚心诚意地协助他们，细致耐心地开导他们，真心和他们交朋友，使他们亲自体验到老师的一片真诚，把老师当知心人和内心倾诉的对象。

"榜样的力量是无穷的"。"后进生"也不是一无是处，他们身上也有积极因素，也能找到"闪光点"。我们要注意找寻"后进生"身上的"闪光点"作为榜样教育。但是"后进生"的转化一般又会经历反复到巩固的发展过程。"后进生"进步过程中出现反复是常见的现象。他们的反复形式是多种多样的，有原来错位的重复，也有另一种错位的发生，反复的原因有内因，也有外因。我们老师只有以"教不厌、诲不倦"的精神，抓反复、反复抓，找出反复的主因，因势得导，坚持耐心细致地教育，使学生的良好行为逐步巩固下来。

总而言之，"因材施教"是一个从测评学生个性特征，制定相对应教育解决方案，教育过程的控制与追踪，到持续改进教育方法的一个循环体系。作为一个老师，都应时刻反省自己的教育思想和教育手段，才有可能即时纠正错误的教育思想和教育手段，也才有可能步入真正的教育殿堂，成为一名真正合格的教育工作者。作为一个教师理应以负责任的态度，带着爱心去实践"因材施教"，为那些在学习上需要协助的学生提供有效的援助，做到有教无类，实现教育的公平，实现"因材施教"到"知材施教"的转化。

让阳光撒到教室的每一个角落

对"学困生"的转化与培养,是教育实践中一个备受家长、学校和社会关注的问题。尽管学校、家长和社会已经为"学困生"的转化与培养做出了很大的努力,但是"学困生"现象并没有得到有效的解决。这与对"学困生"的分类研究不足,难以做到因材施教有很大关系。

一、懒惰型

这类学生经常不完成作业,上课不喜欢记笔记,碰到稍微难点的题目就放弃。

1. 形成原因

现在的孩子大多是在父母的百般呵护下长大,许多过惯了"衣来伸手、饭来张口"的生活,生活上的懒惰难免延伸到学习上来,由于平常懒于写作业,学习的知识得不到及时的巩固,长期积累就造成了学业不良。

2. 转化窍门

从生活小事入手。对于这些"学困生"来讲,学习上的懒惰只是生活上懒惰的延续和进一步发展,要让学生在学习上勤快起来,可以从生活的小事做起,养成勤劳的生活习惯,比如让这些学生自己收拾自己的房子,整理床铺,甚至学做家务等。通常日常生活中勤劳的学生,在学习上也不会偷懒。降低目标,但一定要注重效果。为了让"学困生"达到比较高的学习动机,在初期设定的目标不宜过高,在他们现有的基础上能够稍微进步一点就可以。但是,一旦目标设定,就必须督促学生完成,否则,学生就会认为班主任和家长没有把这个目标当回事,他们也就自然不会努力。

二、厌学型

这类学生从表面上看，与"懒惰型"有许多相似之处，比如不写作业、不记笔记、不认真听讲等。但这些学生不是因为懒惰而不做这些事情，而是由于内心深处对学习的排斥，这些学生往往会在学习之外的其他方面表现不错，比如经常主动帮助爸妈做家务等。

1. 形成原因

讨厌任课教师，进而讨厌该学科。当一名学生讨厌某位教师的时候，往往是连同该门学科一块儿否定的。看不到学习的价值。很多学生认识不到现在的学习对将来有什么帮助，对学习失去兴趣。缺乏学习的自我效能感。这类学生在学习的过程中没有成就感，学习的过程就是不断经历挫折的过程，久而久之便对学习失去了兴趣。

2. 转化窍门

首先诊断学生厌学的真正原因。如果是因为讨厌任课教师，则教师可以主动去接近、关心这些同学，改变他们对教师的偏见。如果是看不到学习的价值，则教师可以在讲课的过程中结合生活实际进行课程开发，让学生看到他们所学的知识在生产、生活中的实际用途。或者为了让学生转变学习态度，可以在短时期内，运用附加刺激来提高学生学习的积极性，比如进行奖励等。对于自我效能感不高的学生，在教学中可以经常鼓励他们，在考试的时候有时我会故意放宽评分标准，以让这些同学取得较高的分数。

三、方法欠缺型

这类学生最明显的特点是学习非常刻苦，也不缺乏学习的兴趣，但成绩却不见长进。这类学生另外一个显著的特点是，没有良好的学习习惯。

1.形成原因

缺少必要的学习方法的指导。不少教师只重视做题的数量而忽视了对学习方法的指导，这样学生的学习效率自然就会低。意志力薄弱，难以改变不良的学习习惯。改变不良的学习习惯，需要学生具有一定的意志力，而部分同学意志力薄弱，半途而废，也就难以养成良好的学习习惯。

2.转化窍门

对这类学生要侧重学习方法的指导，班主任要仔细观察这些学生听课、写作业的过程，并及时纠正学习过程中的不良习惯。另外，班主任应该特别注重学生良好学习习惯的养成，甚至将改正不良习惯放在比学习具体知识更加重要的位置上，并对改正不良学习习惯的效果进行奖励或惩罚。

四、心理困扰型

这类"学困生"存在一个明显的转折点，即过去成绩还是比较好的，但忽然在某个时间段成绩急剧下降。日常生活中有些同学会表现出多愁善感、注意力不集中、经常发呆等现象。

1.形成原因

独特的年龄阶段和心理特征。初中生正处于青春期的初期，这个时候，学生开始关注别人对自己的评价。对异性的好感开始萌芽。影视作品或社会不良信息的影响。现代社会，初中生接触到的许多影视作品和社会信息往往是鱼龙混杂、良莠不齐，学生又缺少必要的辨别是非的能力，难免受到这些东西的影响而整天想入非非，进而影响学习。被动受影响。目前初中生谈恋爱的现象已经是屡见不鲜，这就难免给他们的学习带来困扰。

2.转化窍门

这类学生解决了心理问题，学习成绩也就自然容易得到提高。为了防患于未然，学校应该尽力净化学生的生活环境，尽量让学生不接触不良信息，并对学生进行辨别是非的教育。班主任和家长应该耐心细致地和这些学生谈心，一起来面对他们所面临的心理困扰，并及时对他们存在的心理问题进行疏通。

五、团伙影响型

这类"学困生"往往有一批不爱学习的朋友，他们经常一起去玩。这样的小团体往往喜欢和教师作对，是班级管理中的老大难问题。

1. 形成原因

内心孤独，寻找心灵的寄托。刚刚进入青春期的初中生渴望被理解，渴望有许多朋友，而很多孩子和家长存在有"代沟"，在学校里又常常因为成绩不好而遭到教师的斥责和同学的嘲笑，长期以来，那些有着同样遭遇的学生就会形成一个小团体。班级两极分化的必然结果。两极分化始终是班级管理中的一个难题，班级内同学们成绩差距的拉大必然导致成绩好的同学形成一个爱学习的团体，而成绩不好的同学则形成一个"反学习"的团体。

2. 转化窍门

实践证明，转化"学困生"团体要比转化单个的"学困生"困难得多。对于教师而言，要拿出更多的时间去和"学困生"团体内的每位同学进行交流，找到一个比较好转化的个体，先行转化，然后逐步瓦解"学困生"团体，班主任在转化"学困生"团体的时候要十分重视这个团体里的核心同学，也就是社会学中所讲的隐形领导者，掌握了这名核心同学，也就掌握了整个"学困生"团体。

六、能力欠缺型

这类"学困生"所占比例不高，他们是一些已经经过专家确诊的、先天性的学习能力不足的学生。这类学生日常学习的效率非常低下，基本无法完成学习任务，无论他们怎么努力，始终难以取得理想的成绩。

1. 形成原因

这类"学困生"是真正意义上的学困生，他们的形成与其先天的遗传素质有密切的联系。

2. 转化窍门

这类"学困生"几乎不可能在学业上取得成就，但是这类"学困生"所占比重非常之低，所以，如果怀疑学生属于此类"学困生"，建议到专门的机构请专家确诊，不要轻易将学生归入此类"学困生"。

七、突发事件型

这类"学困生"也存在一个明显的成绩转折点。但与心理困扰型"学困生"不同的是，这类学生的成绩转折点往往伴随着一个明显的转折事件。比如一场突然的疾病、一次转学等，导致学生落下许多课程，从而成绩出现明显下滑。这类学生非常刻苦地去补习落下的功课，可是又必须同时学习新的课程，于是学习中难免应接不暇，无法完成学习任务。

1. 形成原因

这类"学困生"的形成，是由于突发事件造成了他们落下一些课程，而这些课程又没有得到及时的补习，从而日积月累出现了成绩不良。

2. 转化窍门

对这些学生必须在节假日进行补课，家长可以到专业的课外辅导机构去请相关的教师将这些学生落下的课程补上。如果这些学生落下的课程太多，一时无法补上的话，建议对这些学生做留级处理，否则长期的成绩不良将会对这些学生的自信心造成很大的消极影响。

八、选择性学业不良型

这类"学困生"也就是通常意义上的"偏科生"。他们会在某些功课上比较突出，而在另外一些功课上却表现出成绩落后。

1. 形成原因

①学生能力的个体差异。每个人所擅长的类型是有差别的，在学习中，每位

学生所擅长的学科也会存在明显的差别。选择性学业不良型的学生有些就是由于他们个人的能力不同而造成的。②独特的个人经历。比如遇到过一个自己不喜欢的教师，或者是由于某些特殊的原因导致这门学科的成绩下降，后来也没有得到及时的补习，长期积累而出现选择性学业不良。

2. 转化窍门

教师首先应该明白，不能要求学生门门功课都非常出色，因而在转化这类"学困生"的时候，不应对他们提出过高的要求。同时，对这类"学困生"主要是培养学习的兴趣，不要简单增加这些学生在薄弱学科上的学习时间或者让这些学生去做大量的题目，因为这样反而会令他们更加憎恶这门学科。

"文""言"结合 双翼并举
——浅谈对文言文课堂教学的认识

一提起文言文教学，我的眼前不禁闪过这样两个镜头——

镜头一：这是一节"家常课"，没有任何人来听课，教学进度又赶得紧，老师带领学生将生僻字认清，读完一遍课文之后，便从头至尾串讲每个词、每句话的意思，至多在常见字的意思上简单提问一下而已。学生则奋笔疾书，将每个词、每句话的意思记在课本上，学完一段立刻大声背诵，同为互查、全班提问，当堂验收。末了，老师的作业是："把今天学的课下注解、句子翻译都背过，明天测验！成绩差的到办公室'过堂'！"

镜头二：这是一节公开课，上课地点安排在礼堂里，舞台布置成临时教室，台下坐满了各地专家、教研员和教学骨干。灯光亮起，授课者登台——情境导入，熟悉写作背景，范读、自读、齐读课文不同段落，体会文章的思想感情，品味文句精妙之处……至于字词解释，一带而过而已，大意了解即可。一堂课直上得情意盎然，活泼生动极了。只是，台下角落里有老师窃窃私语："这要考试的话，学生能考几分？"

语文教师中，喜欢上文言文的恐怕少之又少，究其原因，一是语言特点与现代文差异极大，简直是另一门"外语"，学生不感兴趣，难以理解，即便是名家名篇，也少有学生能够体味其情感的深刻和语言的酣畅；二是考试这根指挥棒把文言文教学指挥到了"字字落实"和"背诵默写"这两个终极目的上，要让学生做到这一点，需要反复抓、抓反复，而课时有限，只能老师多讲、学生多背，语文课堂教学的艺术性几近为零。

但是，文言文是我们汉语言的精粹，这一点，是我们语文教师的共识。文言文，有"文"有"言"，先"文"后"言"。所谓"文"，指的是文章所蕴含的思想感情、文化底蕴等人文因素；所谓"言"，指的是字词句本身的意义或作用。"文"和"言"是一个密不可分的整体，离开"言"，文章无法理解；离开"文"，言成了支离破碎的字词，只是没有灵魂的空壳而已。怎样上好文言文呢？笔者感觉一定要做到"文""言"结合，双翼并举——

第一，"言"是基础，基础必须夯实。文意不明不能品文味，因此，疏通文意的教学步骤不能省略，也不能简化。文言实词的意义要明确，文言虚词的用法要知晓，这些基本的功夫要在课堂上落实、强化。该讲的一定要讲，该记的也要记清楚，提问、巩固、检查这些传统的方法之所以能够延续下来，是因为有效果。但是，夯实基础不等于僵化死板，不是千课一面，也要讲究方法，也有发挥艺术性的空间。记得几年前听过一节省优质课，一位男教师就设计了几个巧妙的环节，把一篇文言文的学习比喻成一场汽车方程式大赛，掌握注解是"加油站"、比较虚词的用法是"助推器"，学生兴趣浓厚，课堂气氛怎一个"好"字了得！

第二，"文"是根本，根本必须重视。《出师表》的言真情切，《岳阳楼记》的气势磅礴，《三峡》的诗情画意……让人为祖先的生花妙笔啧啧称赞、叹为观止。文言文的思想情感不能不去体会，文言文的语言特色不能不去赏析。初中生受年龄阅历的局限，认识水平、理解能力都不够高，这给我们教师提出了更高的要求——既要引领学生走进文本品评揣摩，又要注意引领的角度要巧、引领的方式要新。因此，上文言文，更要注重教学设计，通过科学、合理、新颖、巧妙的问题设计，给学生提供一个领会文章的"抓手"。

第三，"文""言"结合，朗读是连接的桥梁。其一，"书读百遍，其义自见"，宋代朱熹也说："读得熟，则不待解说自晓其义也。"词句的意思，可以通过朗读来加深理解；其二，文言文语言简练、精美，不少名篇语句流畅、字字珠玑，通过朗读来品味，方能品得透彻；其三，文言文是感情含蓄、饱满的，不读不能感悟其深沉。在指导朗读的时候，前提是让学生正字音，要读准；其次要指导学生读对节奏，文言文的断句是一门功夫，节奏对了，句子意思往往也就明确了；而朗读的最高境界，则是读出语气，读出感情，真正沉醉于文章之中。当然，优美的文句、经典的篇目，是一定要熟读成诵的，背诵是最好的积累方法，对学生文学素养的提升大有裨益。

语文课要上出语文味，文言文更应该是味道甜美醇厚的，让我们"文""言"并举，振双翼而上青云，与学生共同在文言文的天空里遨游驰骋吧。

撑一支长篙，向生活更深处慢溯

法律知识的理解与运用，是思想品德课学习的一个难点。目前，学法、懂法、用法的社会氛围已经形成，公民的法制观念日渐增强，学生对学习法律兴趣比较浓厚，这是我们进行法律教学的有利条件。然而，学生年龄尚小，对于严密、简练的法律条文表述难以理解透彻，往往是"一说就点头，再想又摇头，最后直昏头"。如何让学生真正学以致用？——请将课本学习放置于精彩的生活舞台上，撑一支长篙，向生活更深处漫溯——

紧扣社会热点事件：思想品德教师应时刻关注社会热点，做把握时事动态的有心人，引导学生分析最新的社会事件。记得学习《依法保护人类共有的家园》时，我针对当前百姓谈论较多的关于血铅的材料，根据网上最新的一篇新闻报道精心编制了分析材料——

浙江血铅中毒事件追踪：蓄电池厂与居民区仅一路之隔　"全省273家蓄电池企业，目前已有213家被停产整顿。"浙江省环境保护厅负责人今天下午在接受《法制日报》记者采访时透露，德清血铅超标事件发生后，该省派出了10个检查组，对全省登记在册的所有273家蓄电池企业进行地毯式排查，以防止血铅超标事件再次发生。

《法制日报》记者今天上午在德清县新市镇孟溪村采访时了解到，出事的浙江海久电池股份有限公司2004年投产，主要生产摩托车小型铅酸蓄电池，年生产量为900万组左右，职工约1000余名。

早在3月份，海久公司一名员工的孩子在体检时就发现血铅超标。从4月底开始，海久公司的员工和小孩以及周边孟溪村的部分村民子女都出现了血铅超标的现象。据介绍,目前德清县正在组织涉事企业、海久公司职工、子女以及周边村民接受免费体检。到5月10日下午,已抽检群众1989人,已出监测结果的317人中31人血铅超标,其中有11名儿童。对这些检测出的血铅超标人员,德清县连夜邀请2名省医学专家协助制定切实可行的治疗方案,以确保对他们进行科学治疗。

在调查中,记者发现,该企业选址位置就在孟溪村正对面,仅一条马路之隔。而按照目前的国家规定,产生较大污染的企业,应该设立在居住区500米以外的安全距离。

据相关调查显示,德清血铅超标事件是一起企业恶意超标违法排污、环评单位评价严重失实、镇政府未实现搬迁承诺、地方政府及相关部门敏感性不强、突发事件应对不力造成的突发环境事件。目前,国家环保部已介入调查浙江德清血铅超标事件,德清县公安局已对涉事企业、浙江海久电池股份有限公司的法定代表人采取了控制措施。

因为话题是学生有所耳闻的"血铅"问题,材料又有极强的时效性,学生的学习兴趣自然高涨,小组研讨、全班交流精彩纷呈,对于教材中所强调的"环境保护法律体系"、"法律是保护、致力环境的重要依据和手段"等内容的理解也就迎刃而解、铭记于心了。

挖掘身边真实案例:广阔丰富的现实生活是思想品德宝贵的资源库,取之不尽、用之不竭。打一个比方,如果说引用报纸、杂志、电视、网络等新闻媒体中的案例是在家里看电影光盘的话,那么,通过学生触之可及的周边社区、身边人群中发生的事情作为分析材料,就如同在豪华影院看imax3D电影。两者虽然内容相同,效果差异却有天壤之别。

学习《做个聪明的消费者》之前,我布置了一个作业:让学生搜集爸爸妈妈在消费时遇到的事情,可以是正面愉悦的经历,也可以是反面惨痛的教训。课堂上,在"链接生活"这一环节中,学生们有备而来,叙述的事例真实鲜活,有权益得到保护、消费放心的故事，也有上当被骗、财产生活受损失的事例。在梳理案例、提炼观点的过程中，学生的理解能力、分析能力得到了锻炼，如何在生活中做个懂法守法的消费者的意识自然也增强了。

再现生活生动场景：案例教学离不开材料分析，可是一味地看材料、讲材料难免让学生乏味厌倦。有时，根据教材内容和生活实际，来一场小小的情景剧表演，不仅可以让材料活起来、让人物站起来，更能让学生思维动起来、让课堂精彩起来。

在学习《珍惜受教育权利，履行受教育义务》后，我让学生们以四人小组，编写并表演一个短剧，内容要紧扣所学的内容，四名同学必须全部上阵，其中组长还要将短剧中的内容与课本结合起来，自己命题，并运用所学的知识进行分析和讲解。第二节上课时，抽签选取的两个小组认真、激动地进行了表演，尽管孩子们的表演谈不上有多精彩，但这毕竟是孩子们自己编写、排练的成果，学生们认真、质朴的态度让我心里一阵阵感动。他们小组研究所出的题目和答案则让我惊喜异常：原来根本不需要我去提问、测验、抓典型"过堂"，学生们的认识、理解和运用多么到位啊！

课堂之所以有魅力，是因为它折射出了生活的熠熠光彩。让我们撑一支长篙，用清澈的慧眼去聚焦生活的热点，用热情的双手牵引学生去发现、去探寻，用一颗真心引领学生向生活之河的最深处漫游吧……

放开手，学生可能会走得更好

教学过程中谁是课堂的主人？如果这是一道论述题，恐怕所有的教师都会洋洋洒洒写下几百几千言，"要突出学生的主体地位"、"要注重自主、合作、探究的学习方式"等等极有分量的句子必定是铺天盖地。然而，了解到一种新的教学理念也许只要经过两个小时的培训即可，但要把这种理念真正理解、生成为自己的教学观念，并渗透到实际教学行为的每一个细节中，却要经过漫长的岁月。事实上，在实际教学过程中，尚有许多教师对学生这儿不放心、那儿不放心，生怕学生提不出高质量的问题，生怕学生节外生枝偏离了轨道，生怕自己圈画的知识点有所遗漏，生怕课堂教学效率不高……于是，紧紧抓住学生的手不放，不把学生牵到、拽到、领到自己设计好的问题圈套中去就不罢休。——我便是这"不放手"的教师之一。

"放开手，学生可能会走得更好"。教学过程是教师帮助学生自主学习的过程，教师是"帮助"而不是"控制"学生。传统教学以教师讲为中心，教师牵着学生走，学生围绕教师转，即"以教定学"，让学生配合和适应教师的教。教师的讲解和精心安排的一串串"连珠炮"似的问题，就是一条无形的缰绳，紧紧地拴着学生，把他们牵来牵去。关心教师的教，忽视学生的学，与教师教学观念陈旧有密切关系，教师仍然把自己作为教学的中心，担心学生读不懂课文，于是就包办代替。调查发现，持担心态度的教师占60%左右！新课程理念告诉我们，不仅要看"教"，更要看"学"，而且要从学生如何学这个基点上来看教师怎样教，即"以学定教"，正如叶圣陶老先生所说，他不称赞把某些老师的讲课当作最高的艺术来欣赏，而认为，"最要紧的是看学生，而不是光看教师讲课。"

反思过去的课堂教学，我一直在充当着学生"保姆"的角色，在一口一口地喂给学生饭吃！我一直在追求教学内容的环环相扣、教学流程的顺畅紧凑、教学语言的简练优美……却全然忽略了课堂真正的主人！于漪老师曾说过："教师不能代替学生成长，课堂上教师越俎代庖，只能锻炼自己的口才与思维，学生缺少实践的机会，缺少主动探究的主动性积极性，怎可能有效地提高语文能力？"

否定自己是痛苦的，但是有时只有有勇气否定自己才可能超越自己、发现自己，创造一个崭新的自己。我摆正了自己的位置，放弃"话语霸权"，甘心退居幕后，把机会交给学生，"凡是学生能学习的，教师不教"、"凡是学生能探究的，教师不导"、"凡是学生能做出的，教师不启"、"凡是学生能说出的，教师不引"，让学生以主人翁的姿态参与到教学过程中来。

记得在学习《幽径悲剧》一课时，我请学生放手研读课文，并对写作手法、语句理解等方面质疑问难。四人小组讨论得紧张而又热烈，看着学生学有所得、得有所喜的脸庞，做老师的打心眼里高兴，我加入了质疑问难的行列。

全班交流时，第五小组爱提问的梁云霄提出了一个问题："老师，为什么作者在写古藤萝之前要写幽径呢？"心急的邢相欣在座位上就喊："那是古藤萝的生长环境。"爱思考的赵怡然回答："这是文章的主题问题。作者写藤萝的悲剧，实际上也是幽径的悲剧。"课代表王茜茜补充说："也是一个时代的悲剧，表现作者对愚氓灭美的痛心。"听了学生的回答，我非常高兴，看来他们确实已经掌握了本文的内容。但是，也确实还有一些难点没有展开，因为季大师的文章对于初二学生来说确有难度。我刚要补充，梁云霄的第二个问题又来了："那作者为什么不用第一人称，直接以藤萝自叙的角度来展开呢？"我心里一动，这个问题问得太好了！教室里热闹起来：有支持的，也有哄笑的。恰在这时，下课铃响了，于是我说："好吧，这个问题很好，我们留到下节课再讨论。这个问题不但涉及文体，还涉及到写法，而且还把阅读与写作联系起来了。同学们可以在课间议论一下。"——知识的价值就在于其问题的存在，过去的课堂教学最大的问题就在于"没问题"，新课程就是要让学生带着问题走进教室，而且带着问题走出教室，下课铃声响了，思维未断。

第二天的语文课上，读书最多的薛桂超先发言："老师，我同意梁云霄的意见，而且我觉得可以借用鲁迅先生的'呐喊'来给本文拟题为《古藤萝的呐喊》。"学习出色的朱晓菲补充道："这样写出来的文章，应该是一篇童话。"我因势利导，"那么，应该怎样组织材料，布局谋篇呢？"刘旋回答："还是应该先交代古藤萝的环境，更要象作者那样极力描绘幽径的美丽，衬托出古藤萝的美丽。"梁云霄恍然大悟："哦，原来写幽径不仅是因为这是藤萝的生长环境，还有侧面烘托的作用啊。"瞧，孩子们何需我再去喋喋不休地分析、补充呢？鲍嘉岣又说："如果让我来写《古藤萝的呐喊》，我还会极力描写古藤萝被砍断时的惨剧，写它的心理，让它呐喊！""同学们说得太好了。"我大声地表扬。"我们来比较一下，咱们改变的作文与季先生的文章相比，有哪些不同？"早已经按捺不住的班长张默说："描写角度不同，抒情主体也不同。"毕长江回答："文章体裁不同。"王茜茜补充："读后的感觉肯定不同。"顺着她的话，我问："那你们更喜欢哪一个？"学生们各抒己见，课堂又推向了新的高潮……——这个案例，应该是课堂上的一个"意外"，我抓住生成的问题，突破原先教案的束缚，引导学生讨论、探索，学生的学习智慧得到尽情展现，课堂真正成了师生智慧飞扬的天地，成了师生共同创造的舞台。在课堂上，不是教师牵着学生走，而应是学生思维推着教师走，学生的个性得到充分、自由的发展。教师既不遏制学生的看法，又不搁置学生的问题，而是顺着学生的思维探究下去，时时刻刻都体现"以人为本"的教学理念。

当然，凡事皆有度，重视"生成"不是忽视必要的"预设"，在进行课堂教学之前，精心设计教学方案是极为重要的，我们设计的话题是递给学生的一个抓手，也是激发学生思维发散的良好开端，但不能始终把学生的思维方向限制在自己预设的教学思路和框架之内。我们强调学生的主体性，并不是听之任之、撒手不管，不能把自主变成自流。"如果采用放羊的办法，脱离教材脚踏西瓜皮，滑到哪里说到哪里，不着边际地所谓讨论，那就走向另一个极端。"（于漪语）了。

课堂应该是学生学习、生活的天堂，学生永远是课堂的主人，"过去我们带着知识走向学生，今天我们帮助学生走向知识"，那么，让我们放开手吧，学生可能会走得更好！

放我的真心在你的手心

用力做事只能把事做对，用心做事才能把事做好。做一名用心的思品教师，，就需要我们摒弃浮躁的心理，沉下心来，细细地研究教学，在上好每一堂课、育好每一名学生的平凡中感受充实的幸福，做一个快乐的勤奋者。

——题记

"噢——终于毕业啦！""啊欧——解放区的天，是明朗的天……"中考结束了，简短的毕业典礼之后，走廊里，几个调皮的男孩子夸张地表演着胜利大逃亡。

开学校的。"年纪最长的张老师感慨万千。"世风日下，人心不古呐！咱们这些老师，他们能想着几个？咱们教的东西，他们能记住多少？又能用到多少？"年轻的小戴老师一副看透世事的语气，摇头叹息。

门轻轻地推开一条缝，一个小脑袋伸进来。

"思品老师——"哦，是我教的学生，个子矮矮的韩越。孩子们总是习惯地用学科来借代老师。

"思品老师，你帮我写个毕业留言吧！"韩越一脸真诚的期盼。 接过精美的毕业纪念册，摩挲着厚实的纸张，一个个镜头在眼前闪过——

镜头一 第一堂课上，我让学生们当小记者，我来"答记者问"，气氛很快活跃起来，孩子们你一言我一语，思维的火花在教室里闪烁。"老师，以前的老师说，思品就是要划书、读熟、背过要点才能考高分，搞得每节课都特没劲。你也这样吗？"最前排一个虎头虎脑的小男生清脆地问。"呵呵，你的问题很有深度哦！"我看了看座次表，这个学生叫韩越。"我们上的，不是政治，是思想品德课，让知识点入脑、入心才是目的，让知识在生活的海洋里漂游，课堂才会有魅力。我不一定能让你们每次考试都拿高分，可是我一定让每一堂课都精彩纷呈！"

"哗——"掌声一片。

画外音：思想品德课教学的根本落脚点在于学生思想品德的发展，而不是单纯知识的灌输。只有从学生的生活、思想实际出发，精心设计教学环节，让课堂灵动起来，才能放飞学生思维，给学生的生活实践以正确指导，坚持认知和行为的统一性，才能加强教学的针对性和实效性，真正发挥思想品德课的功用。

镜头二 快上课了，我刚要走进教室，突然发现门边有一截小小的烟头。学校里怎么会有这种东西呢？学生不可能抽烟，老师也不可能把烟头扔在这里。脑子诧异着，身体却本能地俯下去，捡起来。教室门后有纸篓，我把烟头扔进去。"老师，对不起……"第一排的韩越涨红着脸，却格外大声地说，"刚才我爸爸来了，这个烟头，一定是他，他……"班里一阵小小的骚动。

"同学们，我想并没有人留意过这个烟头是谁扔的，可是韩越却勇敢地把自己的爸爸指了出来。韩越很诚实，也很勇敢。品德这块金子，往往在不经意的小事里散发出耀眼的光芒……"

画外音："我听见了就忘记了，我看见了就记住了，我做了就理解了。"思想品德的形成与发展，不能离开学生的自我体验，否则，正确的行为规范就不能真正内化。我们应该抓住点滴细节加强教育，生活不是缺少案例，而是缺少发现教育切入点的慧眼。如果认为思品教师的职责仅仅是教书，教知识，教答题技巧，认为对学生的思想教育主要是班主任的工作，那是一种急功近利、浅薄浮躁的心态体现，也是一种悲哀。

镜头三 放学了，学生们三三两两走出了校门。"小日本完蛋喽！"我前面的几个男生中有人嚷嚷。哦，是韩越在嚷。我紧走几步追上去："韩越，怎么这么说呢？这是对日本大地震的感想吗？"韩越不好意思地挠挠头："老师是不是认为我没人性啊？说实话，我们几个觉得挺解气的，谁让日本人以前横行霸道的！""韩越，老师也在关注着这场地震，关注着国人的评论。有人说，日本人输给中国军队是中国人的荣耀，日本人输给地震却是全人类的悲哀。还有人说，面对这样的自然灾害，全人类都应该站在一起共同应对，人道主义应该超越国界和仇恨。那么，可不可以少一些仇恨，多一些感恩呢？"我们并肩交流着，思考着……

画外音：北大副校长张思明说：用心和用力是不一样的，用心就是要努力认识、感悟教育的规律，努力把素质教育的理念转变成自己的教育实践，把自己的教育工作不仅看成是一项事业，而且是自己生活中必不可少的一部分，不断地想着它、念着它、琢磨它、感悟它、享受它。用心去聆听学生的心声，用心去观察品味教育现象，用心去感悟教育中的规律、用心去施展教育的智慧，用心去创造学生发展的广阔空间，用心去实践育人的过程等，均源自用心。用心做教育方能留心观察、细心品味；用心做教育方能专心实践、恒心坚持；用心做教育方能童心不泯，拥有爱心……

收回思绪，思索片刻，我在吴越的毕业纪念册上写下这样一段文字：

我在用心，教你

我教你诚信

是想让你无论走到何时

眼睛都透着清澈

我教你责任

是想让你无论面对何事

脊梁都挺得坚强

我教你团结

是想让你无论遇到何人

嘴角都露出微笑

我教你奉献

是想让你无论身处何地

掌心都留有赠人玫瑰的余香

因为诚信，所以坦然

因为责任，所以承担

因为团结，所以温暖

因为奉献，所以快乐

因为思想，所以高尚

我亲爱的孩子

放我的真心在你的手心

你是否感受到思想的温暖，品德的力量……

亲爱的，你慢慢飞——

语文是春，风和日丽，莺啼燕喃；

语文是夏，莲绿荷红，蝉鸣高亢；

语文是秋，天高气爽，菊黄桂香；

语文是冬，瑞雪纷飞，银装素裹。

语文是香格里拉，险峻悠旷；

语文是茶马古道，迂回曲折；

语文是苏州园林，清幽灵秀；

语文是婺源菜花，神韵撩人……

——面对着这个绚丽多彩的世界，我们要带学生在语文天地里飞翔，让学生在积累中洗涤心灵、滋养生命。只是，亲爱的同行，我们可要慢慢飞，世界太大太精彩，不要仓促间忽略掉美丽的风景——

"你"是一只领头雁——"上有所好，下必效之"，老师是学生面前最醒目的标杆。我们的示范和带动，给学生的感染最深刻。要激发学生积累语言的热情，不妨"现身说法"：每每接手新的班级，我都要自豪地"卖弄"一摞大大小小的笔记本，五颜六色的封面、精描细画的插图、工整认真的字迹……这是我从小至今的"宝贝"——摘抄本。只"卖弄"笔记还不够，我还会"卖弄"自己的口才，引经据典、口吐莲花……在学生瞪大眼睛、双手抱于胸前、一片"哇——"声不断里，我知道，又会有几个甚至几十个孩子跟随我走上摘抄这条最宽阔的积累之路。

从课堂飞向课外——放飞学生，出发点在课堂。让学生自主积累要与目的明确的指导积累相伴而行，不要把积累当成是学生课外完全自由的活动。学习《甜甜的泥土》，不妨让学生积累关于母爱的名言；学习《济南的冬天》，不妨让学生收集描写冬景的诗句；学习《假如生活欺骗了你》，不妨再让学生阅读普希金的《渔夫和金鱼的故事》、《自由颂》……如此由点带面，既让学生将视野投向更为广阔的文学空间，又因为是"统一行动"，学生方向明了，热情更高，交流碰撞的火花更亮，长此以往，星星之火，足以燎原了。

从"旧作"飞向"新篇"——积累的触角，一定要伸到博大精深的悠久文化里去，撑一支长篙，向经典名句更深处慢溯。只是，请留意现在的天空，满眼都是语文的云彩——看电视广告，设计精美，切入巧妙："361度——不屈服天生的高度，不满足昨天的难度，不重复自己的角度，不追随别人的速度，不甘于平凡的态度，有勇气就可以挑战每一度，361°勇敢做自己。""思想有多远，我们就能走多远！"看电影台词，富有哲理，感慨万千："上帝会把我们身边最好的东西拿走，以提醒我们得到的太多！""一边是平常的现实，一边是美丽的谎言，你选哪一样呢？"甚至，悬挂的标语、小店的名号……处处都有匠心，处处都是经典。生活的每一个枝头，都开满了语文的花朵！

语文的积累，绝非一朝一夕能够完成。在语文天地里飞翔，需要沉下心来，去除浮躁之气，凝神聚力，专注前方。亲爱的同行，让我们与学生一起慢慢飞吧，远处，风光旖旎，引人入胜……

送你一串冰糖葫芦

铃声响了,这是七年级第一堂作文课,学生们正襟危坐,凝神静气望着讲台上的我。

"同学们喜欢写作文吗?"

"不喜欢!"声如洪钟;"喜欢!"细若游丝……

"大家以前的作文写得好吗?"

"不好!"无可奈何;"好……"底气不足……

"想提高自己的写作水平吗?"

"想!"真正的异口同声!

"那么,老师送给大家一串冰糖葫芦,用心吃完,你们一定会在写作方面大有收获!"

"啊?!"眼睛、嘴巴都成了"O"。

"这串冰糖葫芦有五颗,第一颗叫做'兴趣',第二颗名为'观察',第三颗唤作'积累',第四颗便是'技巧',第五颗称为'创新'!这是老师精心制作的,大家请收好了!"

……

——要做好这串冰糖葫芦,我们语文教师要费尽思量,利用多种途径,对学生加强指导:

巧妙命题,激发兴趣——做好第一颗:许多学生一上作文课就愁眉苦脸,屁股在板凳上磨来转去直到下课铃响,终于不知从哪儿找出一截牙膏皮挤出一点点来交差了事。可让孩子们谈谈足球、明星和身边的奇闻妙事,却个个眉飞色舞、滔滔不绝。俄国教育家乌申斯基说过："没有任何兴趣，被迫进行的学习会扼杀学生掌握知识的意愿。"怎么让孩子在写作文时也有精气神呢？我常用的方法是巧妙命题，采用不同形式放飞他们的思维——作文课上，只给学生一个开头："小刚打开铅笔盒，一张纸条映入眼帘……"，让学生想象后面发生的故事；平日练笔，让学生以"车站、风、眼泪、信"为关键词，组成一篇散文；学生在音乐课上刚刚欣赏了《动物狂欢曲》，让他们节选一段旋律用文字描写场面……让学生们有话可说，自然是文图泉涌；再跟进评语激励、小组交流、点评促动等等教学方式，学生的写作兴趣便逐渐提高了。

观察生活，感悟真情——做好第二颗：巧妇难为无米之炊，没有对生活的真切感受便无从下笔成文。可是，学生往往对生活中来来往往的人、形形色色的事"视而不见"，写作文还是拼着命"挤牙膏"。梁启超说："观察的条件，头一桩，是要对于所观察的对象有十二分的兴趣，用全副精神注在他头上。"因此，我们老师要做的，便是创造条件，引导学生观察生活，用真心感受生活，用真情表现生活。我对学生的练笔要求是每周至少三篇，一篇由我结合所学课文来命题，例如学完《背影》，请学生回家仔细端详，写一篇《父亲的眼神》；另外两篇则一篇写人，一篇叙事，督促学生时时刻刻睁大眼睛观察世界，从平凡的生活中体悟人间真情。

注重积累，厚积薄发——做好第三颗：上面所谈的对生活的观察、坚持练笔其实就是一种积累，正如老舍所说："天天要记，养成一种习惯，刮一阵风，你记下来，下一阵雨，你也记下来，因为不知道哪一天你的作品里就需要描写一阵雨或一阵风。你如果没有这种积累，就写不丰富。"要提高写作能力，还要注意语言的积累，"学以为耕，文以为获"（韩愈语），要让学生养成摘抄、品味、背诵经典语句的良好习惯。在日常阅读教学中重视对语言的品味赏析；学习古诗词时指导学生熟读成诵；在作文课前开辟一个小专题，由学生推荐美文妙句，加以点评等等，都可以激励学生厚积薄发，"该出手时就出手"。

专题训练，提高技巧——做好第四颗："七分写作，三分修饰"，只有内容没有技巧，就如同未经装修的毛坯房，虽能遮风挡雨，却不能使人感受到舒适美观，还是结构合理、坚固耐用的"精装修"受人青睐。写作技巧可以通过专题训练的方式得以提高。我们惯常运用的专题往往是根据文体来确定，比如说明文专项练习、议论文强化写作等等，其实我们的专题应该再细化，例如针对文章的"骨架"，我们可以拟定如何审题、如何选材、如何开头、如何结尾、如何布局等等专题加强练习；针对文章的"血肉"，我们则可以开设如何刻画人物、如何描写细节、如何运用论据、如何说明条理等等专题集中指导。今天的课例就是很好的样板，专题切入点较小，打破了传统的布置、写作、讲评的老套路，不仅使作文课的内容充实、形式生动起来，而且针对学生作文的通病对症下药，收效明显。

不落俗套，鼓励创新——做好第五颗：文章最怕的便是"你有我有全都有"，正如再好的饭菜顿顿吃也会难以下咽一样。王蒙说："写文章要善于打破旧框框，要敢于创新。即便是一粒沙那么大的新，也比一座大山那么大的俗套子有价值。"我们要尊重学生对生活的体验，要尊重学生的创造个性，鼓励学生求新求异。当然，尊重不是放任自流，鼓励创新不能于一味求偏求怪，教师的指导作用依然要充分发挥，只有先将学生带入正确的跑道，他们才能顺利起飞，激扬文字，品评生活。

——只有这五颗糖球还不够，我们必得以教师的用心和学生的坚持做其竹签，方能串起不散，终成正品。

愿我们都成为制作冰糖葫芦的能工巧匠！

第四篇

有效教学实践与反思

把简单的事做好　把平凡的事做精
——加强教学常规管理，不断提高教育教学质量

教学常规是教学的基本章法，人人都在做，校校都在抓，但是对教学常规管理的认识不同，抓的严格程度不同，做的结果自然也是千差万别。有人认为，在新课改如火如荼的今天，新理念、新模式、新活动层出不穷，常规管理已是陈芝麻烂谷子不值一提；有人认为，教学常规大多是限制教师自由舞蹈的镣铐，要给教师松绑，势必要大胆革除某些常规条目；有人认为，"不管白猫黑猫，逮着耗子就是好猫"，只要把教学成绩作为考核教师的主要依据即可，教学常规不必真刀实枪去管……但是还有更多的人认识到："天下难事，必做于易，天下大事，必做于细"，教学也是如此，教学常规是抓教学工作的永恒重点，它是取得优良教学成绩的基石，是塑造高水平教师队伍的保障。全国知名校长赵翠娟曾说："教育，原本不需要跟风逐潮，不需要不断地花样翻新，而是需要一种可贵的坚持。"廖文胜校长也认为"我们的教育不是缺少点子，而是缺少把每件事做到位的精致。"

多年以来，我校始终坚持抓好教学常规，在制度的制订上，突出一个"细"字，将教师的每一项教育教学工作都纳入制度管理中，使教师做有标准，行有规范；在制度的落实上，我们强调一个"严"字，通过各种有效的途径和措施及时了解和发现落实中存在的问题，不断提出改进意见，保障各项工作健康发展和优质高效。当然，坚持常规管理并不等于一成不变，随着教育教学理念的不断更新，各项制度规定也在不断调整完善。概括来说，我们主要是把好了五个关口，做到常规常抓，常抓常新，力求把简单的事做好，把平凡的事做精。

一、抓好备课关。

凡事预则立。备课是教师把握教材、与文本对话的一种重要形式，也是教师在整合各种教学资源的基础上确定教学思路，对课堂情况进行预设的一个重要手段，它是教学过程中十分关键的环节，直接关系到教学质量的高低。我校长期坚持推行《集体备课制度》，要求所有教学内容必须经过集体备课、共同研讨之后方能实施教学过程。集体备课要求做到"三定"（定时间、定内容、定中心发言人）、"四统一"（统一内容、统一进度、统一练习、统一检测）。集体备课的实施，实现了优势互补，集体智慧得以最大发挥，凝聚力空前加强，使团队合作的精神得以充分发扬；同时，也有力地促进了学科教学水平的整体提高和教研组建设，不少学科成为我校的"拳头"学科，语文教研组分别被评为青岛市先进教研组和山东省先进教研组，理化生教研组两次被评为青岛市先进教研组，英语组也被评为青岛市先进教研组。

在教学案的撰写上，我校经历了一部三步曲：第一步，教师全部使用学校统一印制的备课手册，教学目标、重点难点、教学内容、师生活动、达标检测、板书设计、课后反思等环节一应俱全；2000年起，我校开始实行"成品教学案"，凡具有一级以上专业技术职务，或被评为学校教学骨干、胶南市以上教学能手、优秀专业人才的教师，在本校本学科教学中至少有一个循环的教学实践的，可使用过去的成品教学案授课，但在备课时必须根据教学实际和学生学习实际对原教学案进行认真的修改和适当的补充。从2005年起，我校又试行了"集体备课，资源共享，个人加减，共同提高"的方法，由备课组长制定好集备计划，确定各章节的主备人，主备人预先写好电子稿教案，备课组共同研究并修改、定稿，教案打印一式几份，同备课组教师结合各自实际在补充修改栏中进行增删修改后可直接使用。

现在，我们又开展了对备课内容的创新，努力革除以往部分教师"教参搬家"的简单备课方式，备课内容可适度简化，将备课的重心由教学内容转移到如何布置学习任务、如何启发引导学生思维、如何拓展延伸课本知识、如何应对学生思维的多种可能和各种突发问题上来，要把课备大、备精、备熟、备活。

二、立足上课关。

课堂是实施素质教育的主阵地，也是抓好知识落实的主阵地、提高教学成绩的主阵地。提高课堂教学效益是我们不懈的追求，我们的主要做法是两个坚持、两个创新：

1. 坚持开展课堂教学"五课"活动。

"五课"即课堂教学比武课、比武优胜者观摩课、教学能手和骨干教师示范课、重点课题研究课和青年教师评估课。"五课"活动的开展以学校的听评课制度为保障，学校规定，学校分管学科干部每学期听、评课不少于40节，教师每学期听、评课不少于20节，把听课完成质量和数量纳入个人考核成绩。课后，以教研组或备课组为单位，实施"3+2"评课模式（即要求评出不少于三条的优点，不少于两条的缺点，避免碍于情面只说长处、使评课流于形式的现象发生）。这样，使得广大教师在听课中学会听课、在评课中学会评课，在上课中实践"五课"精髓。

这项活动每学期都进行，已经坚持了二十多年。对于老师们来说，这是展现个人教学风采的大舞台，是比试课堂教学技艺的竞技场，是提升专业水平的训练营。很多教师从四中的"五课"课堂走向青岛市、走向山东省，甚至是走向全国研讨会的公开课课堂。在1995、1998、2001、2004年四次青岛市青年教师优质课比赛中，我校先后有34名教师参赛（全市说课第一名获参赛资格），有8位老师获一等奖，19位老师获二等奖；有7位老师取得了省优质课参赛资格，有2位获得一等奖，4位获得二等奖，1位获得三等奖。在2006年青岛市青年教师优质课比赛中，我校又有10名教师参赛，获得4个一等奖，4个二等奖，2个三等奖。全校127名任课教师中，近几年有69人出示过市级以上公开课或参加优质课评选获奖，占任课教师的54.3%。在2000年青岛市教学能手评选中，我校有5名教师当选；在2004年青岛市教学能手评选中，我校又有2名教师榜上有名。仅近5年，我校出示青岛市级以上公开课和在青岛市级以上优质课比赛中获奖的就有近60人次，其中省级以上10人次。

2. 坚持研究与应用先进的课堂教学模式。

从1991年起，我们对目标教学、合作学习、学习心理和学习方法指导研究、初中生学习能力的培养等课题进行了实验和研究。我们坚持点上实验、面上开花的做法，选择研究上具有一定优势的学科和教师建立起"试验田"，先行一步，在点上进行探索。待实验经过一定的阶段，已由感性认识上升到理性认识，就进行经验总结，然后推到面上去。通过这些课题研究，我校逐步形成了改革课堂教学、构建教学模式的思路，即以培养学生的创新精神和实践能力为目标，以"双主"原则为指导，运用目标教学理论和活动教学理论安排教学过程，运用合作学习理论设计双边、多边活动，以讨论、探究和启发式为基本学法和教法，以实现课堂教学原则科学化、教学过程最优化、教学方法高效化、教学管理规范化。语文的"板块式"教法，英语的"情境教学"、数学的"引导—发现"式教学、物理的"八步教学"、政治的"双导"教学等模式都比较好地体现了这一改革思路。目前，以人为本、自主创新的现代教育理念已成为各学科模式的核心和灵魂，问题探究、情境体验、合作互动、分层次教学、启发式、讨论式等体现现代教育教学思想的成功做法已为各学科所吸纳。全校12个学科构建起了30余个教学模式，已形成了比较完整的模式群。

3. 在教学方式上创新。

目前，新课改的理念已深入人心，学生是学习的主人，是课堂的主角，我们主张把时间还给学生，"凡是学生能学习的，教师不教"、"凡是学生能探究的，教师不导"、"凡是学生能做出的，教师不启"、"凡是学生能说出的，教师不引"，摒弃"保姆式"的教学方法，引导学生养成独立思考、独立解决问题的习惯。

我们提倡以导学为先导、以训练为主线、以精讲互教为突破口，推行学生自学、教师精讲、师生互动、活动为主的教学方式。此外，在日常的课堂上，我们根据素质教育面向全体的要求，适时调整教学策略，从最后一名学生抓起，控制教学进度、降低教学难度、减缓学科坡度、拓宽知识广度、训练学生的知识熟练度，力求让每一名学生都有收获。

4.在课堂评价上创新。

美国课程史专家卡班恩曾经这样形容美国多次大规模课程改革："改革像大海上的龙卷风，风暴在海面上翻起巨浪，数尺以下的海水被搅得流湍不定，但海床依然平伏如昔。"新课改推出了很多令人怦然心动、叹为观止的优质课、公开课，但日常课堂的变革是缓慢的、滞后的，甚至有可能是无动于衷的。原国家督学成尚荣曾经这样描述日常的语文课堂："日常课总体上仍是以灌输为主，学生被动地接受；仍是以训练为主，简单、机械的训练逼仄着学生的思维，个性化阅读还处于边缘；课堂仍比较封闭，学生的视野还是被限制在文本里和教室里。总之，日复一日的日常课呈现着与公开课不同的状况和问题……"我们也意识到课堂教学改革非一日之功，但是总有一个突破口，我们认为是改革课堂评价，发挥评价的导向和激励作用，引导教师逐渐优化课堂教学设计、提高课堂教学效益。为此，我们制定了新的课堂教学评价标准，"以学定教"，由评教师为主变为评学生为主：①由评教师的讲解精彩度为主变为评学生的参与度为主。②由评教学环节的完备性为主变为评教学结构的合理性（如教与学的时间分配）为主。③由评课堂的活跃度为主变为评每个学生真正进入学习状态为主。④由评师生的交流互动（主要是问答）为主变为评学生的交流展示为主。⑤由评教师的基本功为主变为评学生的听、说、读、写的基本技能为主。

三、把好考试关。

考试是检查评估师生教与学优劣的有效途径。我们一向严格进行考试管理，建立、完善了期初考试、月考制度：学期初举行期初考试，由各级部自行命题、阅卷，教导处统一安排监考，以督促学生在假期中认真进行研究性学习，不断增长知识、提高综合素质。学期中安排两次月考，由各级部统一命题，统一安排监考、阅卷，便于教师、学生及时调整教学策略、改进学习方法。期中、期末考试则根据我校学生的实际情况，在语文、数学、英语、物理等学科中适当增加题目，拉开层次，增大区分度。所有考试都严把五关：一把进度关，按学期初制订的教学进度，适时抽测，真实地了解教学质量；二把命题关，试题要加大层次坡度，适当增加难度，不出偏题、怪题，确保命题质量；三把监考关，考试纪律直接决定着学生的学习态度，事关学风、校风的建设，学校采取考中检查、考后学生问卷等方式进行监考管理；四把阅卷关，备课组要提前研究好试题答案，批阅要宽严适度、标准统一，以促使学生养成严谨、求实的学习态度；五把质量分析关，每次考后要及时进行质量分析，级部要分析到每一个备课组、每一个班级；班级要分析到每一个学科、每一名学生；教师要分析到每一名学生的每一个知识点。其中级部要将考试质量分析表格化、直观化，以体现教学过程的优劣变化、进退幅度，全面分析教师的教和学生的学中存在的问题，以采取必要的调整措施。

四、严格作业关。

作业练习是学生掌握知识、发展智能不可缺少的重要一环。我们制定了严格的作业设置与批改规定，对每个学科每学期的上交作业、练习题检测题、《同步学习与探究》等作业的数量、评价要求进行了合理、明确的规定，对每个学科平日及双休日的作业量进行了严格的限制，并通过学生问卷调查加强监控，在此基础上着重抓好三方面工作：

一是习题质量。我们坚决杜绝题海战术和无效的机械重复抄写作业。我们认为，要让学生跳出题海，老师就要跳进题海，不仅要游泳——搜集各种信息、分析各种题型；还要去潜水——研究出题角度、预测新的倾向。我们要求教师在选题命题时把握三个要点，即针对性、典型性、研究性。练习题、检测题必须标注出题日期及编号，以及命题教师的姓名简称，教师命制好习题后先由备课组长把关，再到分管干部处开具印刷审批单，而每学期定期、不定期的作业检查也将习题质量作为重要的检查内容。

二是作业批改。我们对作业批阅也有具体的规定，每次批改必须有评价、有日期，如果是学生自批或互批，必须有学生签名。练习题、检测题的批改必须有分数评价，日常所做的练习题由于要及时反馈，批改时间紧张，很难严格按评分标准扣分、合计，但也要求有模糊的分数评价，而不能简单地采用等级评价。学生改错必须使用红笔，或者附纸改错，而教师要对学生改错情况进行二次批改，并提倡对学生进行面批。

三是习题讲评。讲评绝不等同于对答案，我们对讲评提出了四点要求：一是讲思路，找出问题的突破口，引导学生抓住重点词句顺藤摸瓜，攻克难关。二是讲捷径、讲技巧，如果一题有多解，初次讲解时让学生谈做法，教师再介绍几种方法，让学生动脑筋，从中选择省时、简便的方法解题。三是讲典型题、举一反三。四是讲规律，形成知识网络。讲规律就相当于把书读薄的过程。习题做多了，要教会学生吃压缩饼干、喝浓缩果汁，将类似的习题或有关联的知识总结归纳，使学生将所学知识融会贯通、有序贮存，形成知识网络。

五、强化辅导关。

课后辅导是上课的必要补充，是贯彻因材施教的重要途径，对帮助学生进一步理解教材内容和巩固知识有重要作用。我们对学生的辅导主要是"抓两头、带中间",即抓学困生的补缺提高,抓优等生的再提高。学困生的补缺是每位教师辅导的重点,是提高教学质量的重要途径,我们强调加强学困生的"日日清"、"周周清",重点放在"清"前的重视、"清"后的补救上,力争使每一名学生都成功。我们同样重视对优生的辅导。有人说,成绩优异的学生不是老师教出来的,是爹妈养出来的,其实不然,虽然的确有极个别天资聪颖的学生,但那肯定是个例。在对优等生的辅导上我们一直在不断探索。04年,我市优生选拔单独命题、提前测试,我校也单独将重点培养对象编排了两个班进行专门辅导,有针对性地安排课程及进度,效果不错。05年依旧延续了04年的做法,但是我市不再单独选拔优生,都要参加统一的中考,考查基础知识、基本技能的题目居多,专设辅导班的弊端开始显现,如部分优生基础知识掌握不牢、辅导教师不了解学情、教师工作量太大等等。06、07年我们对优生培养方法进行调整,不再单独编班,但决不是撒手不管,或者让任课教师琢磨着办,而是采取虚拟设班、进出流动、统一命题、加强辅导的方式,取得了较好的成效。虽然全市各学校教学水平趋向均衡,优生的分布也不再像过去那样集中到几所学校当中,但我们的优生数仍然不错,中考全市前十名、前20名、前50名、前100名这几个分数段我们基本是占全市的40%左右。

各位领导、老师们,常规工作因为常做常抓,就是那么简单、那么平凡;但是,我们坚信,把简单的事做好就是不简单,把平凡的事做精就是不平凡。依托教学常规管理,我们的教育教学质量一直比较突出;依托教学常规管理,我们锻造了一支敬业奉献、勤业爱岗、精业钻研、创业开拓的教师团队;依托教学常规管理,我们获得了山东省教学示范学校的殊荣;依托教学常规管理,我们积淀了规范、严谨、扎实、求真的学校文化……"致广大而尽精微,极高明而道中庸",我们将继续将教学常规工作做实、做细、做精,在继承中发展,在探索中前进,在实干中创新,不断提高教育教学质量,为我市的教育事业涂写一笔辉煌。

把认真坚持到底 用扎实赢得转变

我校位于胶南城区西北郊，地处城乡结合部，近几年由于学校管理不善，加上城区东移、招生区域缩减，导致生源锐减、质量下降，本地学生大量流失，在校生中有三分之一为外来务工人员子女。要扭转薄弱局面，不能只请求上级倾斜和关照，主要靠自我发展。我们从学校内部查找原因，分析对策，制定措施，严抓落实，奋起直追，2011年中考实现大跨越，升入普通高中人数比上一年增加108人，升学率提高18个百分点；2012年中考继续攀升新台阶，升学率再提升6个百分点。回顾一年多来的工作，我们深刻感受到：世上并没有一夜之间起死回生的灵丹妙药，要告别薄弱、生存发展必须痛下决心，从最基本的环节抓起，以建立规范、精细管理为工作重点，加强教学常规管理，聚焦课堂教学研究，打造勤恳、敬业、务实、上进的工作团队，营造干事创业的良好氛围，不屈不挠，坚持到底，向规范严格要质量，向认真扎实要水平。

一、薄弱学校转变的突破口——落实教学常规，"把简单的事做好就是不简单"

教学常规看似简单，但要是日复一日做精致做彻底，就可以成就教师；教学常规管理看似简单，但要是年复一年抓精细抓落实，就可以成就学校。 有一个比喻很精准地阐释出教学常规的重要性——"如果把学校的教学常规比作一剂药方的话，那么，它就是用来治懒的，治散的，治虚的，治庸的。"薄弱学校，就是薄在要求不严上、弱在管理不当上。因此，要变厚变强，首先要从常规抓起。

1.检查反馈，注重落实

我们坚持对教学计划和总结、教学案、集体备课、课堂教学、作业批改、听评课等常规性工作进行检查、反馈，引导、督促教师认真工作，避免教学的盲目性和随意性。检查分为四种方式，一是专题性检查：计划、总结、教研组和备课组活动记录、质量分析、兴趣小组活动记录等上交材料要按要求打印或用黑色笔填写，做到书写认真、内容充实、格式规范、上交及时，由级部主任验收把关，教导处装订存档。二是每周例行检查：每周一的集体备课活动由业务副校长、级部主任负责检查，结果要在级部通告栏中反馈；每周五下午，教师将本周教学案、作业批改、听课记录送至会议室，业务副校长及分管学科干部检查各项工作情况，填写《教学常规工作检查记录》，周一返校后向备课组长反馈检查结果，并由级部主任追查整改情况。三是日常巡查：教师上课是否准时、组织教学是否严密、教学设计是否合理高效等课堂教学行为，主要由教务干部通过日常巡课、推门听课、坐班听课等方式了解情况；四是期中期末展评：期中、期末举行两次教学常规工作展评活动，由分管干部组织，教研组全体成员参观学习，交流体会。检查是管理最平常、最基本的手段，但只要认真落实、坚持到底，收效却非常明显，目前，我校的教学常规工作在全体一线教师的共同努力下，不仅与过去相比有极大改观，而且在全市同类学校中也达到了较高的层次。

2. 搞好集备，学案为轴

为了加强有效教学，我校借鉴外校成功做法、根据上级部门的建议，并邀请市局教研室、教科室等部门专家进行专题研究论证，从2011年下半年起在全校各个学科推行"双案合一、情智并育"有效教学模式，并已立项为青岛市"十二五"规划课题。这一模式的核心环节便是编写"师生共用教学案"。使用学案的初衷，是为了给集体备课提供了一个"抓手"，使学案成为集体备课的一个"转轴"，顺带推动上课、作业批改、考试等多方面的工作。由于是一个新生事物，在学案的命制使用上，老师们经历了不同程度的痛苦艰难的摸索、适应期。从抵制、厌烦到接受、习惯，伴随着时间的推移、伴随着教师智慧的挥洒，教学案的质量已逐步提高，使用方式更加灵活，"双案合一、情智并育"的教学模式已日趋丰富完善。

为切实加强集体备课，提高学案质量，我们提出了"严把一个关口，避免两个误区，坚持三个追求"——

"严把一个关口"，就是要把住教学案的质量关。教学案是分工撰写的，但要加强团结协作，否则单凭个人能力和好恶难以保证教学案的实用价值，且容易为后续的课堂教学、作业设置造成被动和阻力。备课组长要对每一份教学案的命制都组织研究谈论，并为最终的成型学案把关负责；主备教师要认真把握课标，反复钻研教材，透彻分析学情，坚持原创和借鉴相结合，杜绝复制粘贴成品教案，杜绝课本及《新课堂》"习题搬家"；同组教师要有独立思考，开诚布公地发表个人见解，用集体智慧编成每一份教学案。

"避免两个误区"，一是要避免集体备课就是"一人备课，他人解放，集体模仿"的错误认识和懒惰思想。各备课组要按照"个人准备——集体研讨——编写学案——设计教法——交流反思"的流程进行集体备课，每一位教师都积极参与讨论，不当"听客"和"看客"，更不能照搬别人的教案，不能以学习别人的教案来代替个人对教材的深入钻研，不能放弃自己的教学风格和教学特性，不能忽略不同班级的学生情况。二是要避免走进"集备时间每周只有一节课"的误区。集备只有随时随地开展、有问题就讨论，才能及时解决教学问题，促进教师均衡发展。而平日就每一堂课、每一份作业、每一次检测的反思交流，更应该成为教师的工作习惯，让研究教学的话题成为办公室交流的主旋律。

"坚持三个追求"，一指在教学案的呈现形式上要追求整齐美观，在质量过硬的基础上统一打印，环节齐全，书写认真，教学设计和课后反思具体实用；二指在集备内容的研究探讨上要追求具体深入，不仅要研究教学目标、教学环节、教学方法，还要研究学生差异，交流加强知识落实的措施，关注日常的教学效益差距；三指在辅助教学的设计上要追求直观高效，分工合撰教学案时对课件制作也要进行统一安排，力争每个章节都有精心设计的课件进行辅助教学，增大课堂容量，增强教学趣味性，提高教学效率。

3. 加强批改，精益求精

学生作业是反馈教师课堂教学效果，加大学生基础知识练习，培养学生基本技能，促进学生学习成绩提高的重要方式和途径。要发挥作业的作用，合理设置是前提。根据目前减轻学生过重课业负担的总体环境、按照上级统一要求、结合我校实际，我们提出了语数英物化控制作业总量、政史地生平日原则上不留课外书面作业的要求，并通过作业问卷调查、访谈等方法及时了解作业量，对严重超时的学科提出改进建议。在作业批改方面，我们强调的重点有四：一是不能完全放手由学生自批互批，必须有教师的一次批改；二是重点习题、检测要组织学生认真纠错，并进行二次批改；三是学生上交作业数量要齐，对学习困难生，要不厌其烦地督促追要，力争不让一个学生掉队；四是批改符号要规范，要逐题采用对号、错号进行批阅。现在，我校绝大多数教师作业批改工作细致规范，学生书写越来越工整、步骤越来越齐全、改错越来越认真，作业质量明显提高。

4. 面向全体，重点辅导

辅导是培优补差的有效手段，是关注学生全面发展、促进学生身心健康成长、帮助学生消化理解所学知识、查漏补缺的重要环节。搞好辅导，爱心是前提。我们结合市局实施"全员育人导师制"的要求，用爱育人、以情动人，全面了解学生的家庭背景、成长经历、性格特点，在尊重、信任学生的基础上进行严格要求、规范管理，既有赏识、又有约束，既肯定闪光点、又纠正偏差处，严爱相济，培养学生形成健全的人格、高尚的品德、文明的习惯。 搞好辅导，突出重点是关键。我们坚持"面向全体、兼顾两头、因材施教、分类推进"的原则，在管理全员、保持稳定的前提下，根据实际情况确定重点段学生，如优生、学困生、偏科生、九年级的指标后备生、边缘生、音美后备生等，任课教师在课堂教学时重点关注、在作业布置上分层安排、在课后知识检查落实上采取"盯人战术"日清周查，努力做到让优生吃得好、中等生吃得饱、学困生吃得着。 搞好辅导，不能只靠教师一个人去战斗。我校学习共同体的建设初见成效，班主任对学生座位进行合理安排，设置多个学习小组，精挑细选任命出小组长——即学习带头人、讨论组织者、知识检查者，任课教师科学安排教学设计，组织学生合作讨论，变面向个体为面向小组，引导学生通过小组内的互相配合、帮助、交流，实现面对面的讲解、手把手的辅导、人盯人的过关、个顶个的提高，从而大面积推动学生进步。

二、薄弱学校转变的核心——聚焦常态课堂，"抓住课堂就是抓住了提高质量的牛鼻子"

美国课程史专家卡班恩曾经这样形容美国多次大规模课程改革："改革像大海上的龙卷风，风暴在海面上翻起巨浪，数尺以下的海水被搅得流湍不定，但海床依然平伏如昔。"我们又何尝不是如此？新课改以来，各种理念漫天飞舞，更推出了很多令人怦然心动、叹为观止的优质课、公开课，但日常课堂的变革是缓慢的、滞后的，甚至有可能是无动于衷的。只有抓住了常态课堂，才是抓住了提高质量的牛鼻子。

1. 小步勤挪，注重夯实基础

落实基础知识是有效课堂的基本要求。针对我校学生的学习现状，经过多方研讨、论证，我们提出了课堂教学要坚持"小循环、快反馈"的基本原则，要求做到"低起点，严要求，小步子，快节奏，多反馈，勤校正"，将每一节课的知识内容化成几个知识板块，学生在老师的引导下，先分后合、先简后繁、稳扎稳打、步步为营、集中优势兵力打歼灭战。这种方法通过多层面的反馈校正，不失时机地练习巩固每一个知识点，及时反馈教学信息，及时调整教学过程，把各种错误消灭在萌芽状态，学生进入每一级学习，都会有新的感受、新的收获和新的创造，尤其适合我校基础薄弱的学生状况，教学效率明显提高。

2. 讲练结合，力求环节合理

讲练结合，就是把教师讲授和学生练习，在教学目标的统领下有机结合起来，使讲和练互相促进，相得益彰，这是课堂教学的基本形式。我们在"讲什么、怎么讲、练什么、怎么练"上悉心研究，既重视学生主体性的发挥，做到能让学生思考的教师不要多讲，能让学生动手的教师不要取代，能让学生总结的教师不要包办；同时又不能忽略教师的主导作用，不能对新课程理念进行片面理解，走向"放羊"极端，充当旁观者，削弱教师的应有地位。

首先，我们要求教师不做课堂的"保姆"和"霸主"，而要担任指导者和引领者，要合理分配时间，还舞台给学生，给学生充分的自主学习、合作交流、反思巩固的机会，让学生通过练习达成"听懂、记住、会做"的学习目标。同时要提高教师自身基本素质，"讲"功要扎实，注重讲思路、讲方法、讲联系，要讲清、讲精、讲透。

其次，我们提出要以学生掌握知识、提高能力为出发点精心设计练习，要围绕教学目标和重点、难点、易错点确定内容，习题要精选，讲究典型性，体现层次性。要做到题目新颖、联系生活，根据教材适当拓展延伸，以推动学生的能力培养。对练习的结果要及时进行评价，既矫正错误，又分析原因，并要注意"多元解读"、"一题多解"现象，注意学生思维的"多样性"和"差异性"，善于在练习中发现学生思维的"闪光点"。

3. 重视设计，提倡教学艺术

"教学有法、教无定法"，如果每节课都按固定的模式去上，课堂教学就变成了流水线，毫无美感可言。我们推行"双案合一、情智并育"的教学模式，只是为提高课堂效率提供了一个总的指导性原则，并不是将所有学科、所有课型固化为一个套路去运用。我们要求教师在集体编写教学案的基础上精心设计每一节课的教学环节，针对学生实际，巧妙组织学生活动，运用恰当丰富的教学手段，使用灵活多变的教学方法，增强课堂教学的趣味性，调动学生的学习积极性。我们大力提倡教师形成个人风格、具有独特的课堂教学魅力，每学期都要举行多次"高效课堂、精彩展示"活动，组织全体教师观摩研究，既交流体会、形成共识，也鼓励教师脱颖而出，展示个人风采。此外，我们还对课堂教学进行捆绑考核，采取备课组推荐与随机抽取相结合的方式进行，以激励全体教师提高教学艺术。

4. 随机点课，促进整体提高

我们学校有四种形式的教研活动，即"两课一评"、"一课多评"、"多课连评"和"随机点课"。我们特别注重加强"随机点课"力度，将传统听课与"走动式听课"相结合，下移课堂教学研究重心，关注常态课堂，自上而下人人听课，把听课研讨作为教学研究的重要工作方式。传统听课即完整听完一节课，全面了解每一个教学环节的安排，全面关注所有学生参与课堂的广度和深度；"走动式听课"即俗称的"转班"，主要由教务干部进行，一节课巡视多个班级的课堂，每个班级听5—10分钟，可以在有限的时间内深入更多的教室，不仅有利于督促教师认真备课上课，更有利于加强学生课堂纪律管理。此外，我校教务干部、班主任还经常性"坐班听课"，即在一个班级坐住，连续听同一班级不同学科的课，对促进班级的学科均衡发展很有帮助。随机点课活动的深入开展，使得我校课堂组织松散、效率不高的状况彻底改变，促进了全校教师课堂教学水平的整体提高。

三、薄弱学校转变的关键——促进专业发展，"教师是学校发展的原动力"

队伍建设是学校工作的永恒主题，只有坚持以人为本，人才强校，重视教师资源的投入、开发和有效利用，维护和保障教师的切身利益，调动广大教师的积极性、主动性和创造性，依靠教师树学校品牌，才能提高学校的内在竞争力，实现学校的可持续发展。

1. 科研课题推动教师发展

我们申报的市十二五课题便是"双案合一，情智并育"有效教学模式研究。教育科研并非阳春白雪、高不可攀，工作中，我们遵循"发现问题即课题，行动即研究，教育即科研，成长即成果"的科研内化原则，以教学方法研究为主线，以促进教师专业发展和提高教学质量为目的，引领各备课组教师根据学科特点和人员特长拟定子课题，将课题研究分解到日常的集体备课、听评课活动、课堂教学中，倾力营造"以科研促教研，以科研带教研"的氛围，在行动中研究如何命制一份好的"教学案"，如何精选习题，既减轻学生过重的课业负担，又减少教师的无效劳动；如何重视学生的情感培养，开发出教学中情感教育这一荒漠地带的绿洲来。目前，有关课题研究的初步成果已收集完毕，进入整理、汇编阶段。

2. 区片教研推动教师发展

"一支独秀不是春，百花齐放春满园"，区片教研活动的开展，为我们第三学区五所学校注入了新的活力。每学期开学伊始，五校校长即齐聚一堂，交流各校新学期准备工作，研究制定本学期区片教研活动计划，共谋学校发展大计。各项大型活动也精彩纷呈：2011年5月，我们率班主任团队赴日照实验中学学习"全员育人导师制"，并举行了首届"班主任论坛"，交流班级管理经验；2012年4月，又在江苏省连云港市举行了第二届班主任论坛；2011年10月，五校教研组长、备课组长在莒南召开组长论坛活动，以"加强模式研究，做好常规工作，提高教学质量"为主题，交流教研组、备课组建设措施。每学年第一学期的九年级优质课比赛、第二学期的基础年级优质课比赛也按计划在五校分学科开展，各校高度重视，选拔优秀教师参赛，推动了五校对有效课堂教学的深入研究；区片地方课程教案编写工作进展顺利，五校分别承担一到两门地方课程的备课任务，采用统一模板设计教案,互通有无、资源共享;区片业务副校长沙龙、期末联合阅卷等常规性工作也有条不紊地开展,促进了五所学校的共同提高。

3.专题培训推动教师发展

当我们刚刚接受"要给学生一碗水,教师必须有一桶水"的观念之际,随着时代的进步、科技的发展、知识在更新、教育理念的转变,新形势对教师的要求已经成为"教师必须是水龙头"了。各种形式的专题培训便给老师们提供了充实自己、不断提高的机会:专家讲座让我们更新了观念、提高了认识,我们先后邀请省市有关专家到校做了《塑阳光心态,做幸福教师》、《用读书撑起教师专业发展的天空》等专题讲座,使全体教师的精神得到了升华、视野得到了扩展;骨干教师专题会议对班主任、备课组长提出了更高的要求,引领骨干力量更充分地发挥带头、辐射作用;备课组长论坛引导组长们对教育教学工作进行认真反思,谈做法、谈困惑、谈进步、谈不足,开诚布公,坦率交流;学期初教学工作会议上的大练兵优胜者展示活动,既为基本功扎实的教师搭建了展示自我的舞台,也在说课、普通话、课件制作等方面进行了一次真实生动的培训……

4.日常教研推动教师发展

自我反思和同伴互助是校本教研的主要形式,我们重视常态教研活动的开展,组织老师们在日常教学研究活动中思考、辨析、交流、争论,于点滴中见提高,于细微中促成长。每周至少进行一次统一集体备课、每周坚持开展固定的教研组活动,这些形式的安排并没有什么新意,但是老师们态度端正,积极参与,充实的内容使得日常教研含金量颇高。在集备巡视时,学校干部经常会被老师们的认真专注所感动,专注地研究教材、激烈地争论教法、争先恐后地发表自己的见解,绝大多数备课组集备氛围浓厚热烈;教研组活动中,评课是主要内容,老师们按照"3+2+1"的模式要求(即评课时要谈三条以上优点、两条以上不足,并要提出一条以上修改建议），你一言我一语，肯定优点、坦陈不足、合理建议，一堂课让所有人都有所收获。学校还根据上级要求、教学实际、学生情况及所处的阶段特点安排一些集中性学习、研讨，如学习教体局有关文件规定、制订教研组三年发展规划、进行阶段性质量分析、骨干教师谈教学方法等等，不断丰富教研内容，提高教师专业水平。

最近这一年半的时间，对十中来说是艰难的"转型期"，各个层面的工作都由"随意"转向"规范"。转型是痛苦的，因为思想要发生碰撞，行为要经受约束，这种痛苦在预料之中，也在所难免。但是，学校干部本着"对工作负责、对学生负责、对社会负责"的基本原则推陈出新、敢抓善管、注重落实，带领全体教师抱着"让十中走向良性循环、让师生从此扬眉吐气"的朴素心愿，认认真真、扎扎实实，把基本的工作坚持做到底、做精致，形成了"政通人和，百事俱兴"的良好局面。我们的转型是成功的，常规管理转向精细，工作作风转向认真，社会评价转向良好。在今后的工作中，我们将巩固转型成果，扬长避短，开拓创新，继续开创十中教育教学的新局面！

用心做教育

——赴上海学习考察心得

一个用力工作的人，只能做到称职；只有用心工作的人，才能达到优秀。用心工作是一种工作态度，更是一种工作方法和工作哲学。从平凡到优秀，其实只有一个秘诀，那就是工作上要用心一点，再用心一点。

——题记

金秋十月，我有幸参加了市教体局组织的第五期教育干部提升素质培训班，聆听了陈仲樑、应俊峰、李伟胜等知名专家的讲座，并到上海市尚文中学、卢湾第一中心小学进行了参观学习。七日的考察之行虽然短暂，却让我们亲身领略了著名学者的大家风范，零距离接触了走在全国前沿的上海名校，获得了大量鲜活真实的管理信息，解读了上海教育独领风骚的深层原因。几名专家讲授的内容不同，他们的表达风格也各具魅力；几所学校校园布局不同、文化底蕴各异、办学理念和管理模式也各有特色，但是它们却共同折射出上海教育的厚重、严谨和活力。

学习他人是为了总结反思、辩证拿来、用人之长、补己之短。静下心来回顾，专家们的讲座理念先进、内容丰富，不管是陈仲樑校长的《聚焦课堂：提升一代教师的执教能力》，还是王建定校长的《学校教学质量的管理》，不管是余慧斌校长的《现代学校文化与现代人格教育》，还是李伟胜博士的《用办学思想引领学校发展》……都使我们增长了知识、启迪了思维；尚文中学和卢湾第一中心小学两所名校可圈可点之处很多，不管是"以人为本"的一流教育理念，还是

"以实为要"的扎实教学态度，不管是"以研为先"的先进教学策略，还是"以特为荣"的优异教学成果……都让我们开阔了眼界、激起了万千感慨。下面，我将我的所看、所听、所想用拙朴的笔触道出，与各位同侪交流，以期得到大家的指导和帮助。

一、看到的精致——细节处的精心

早就听说上海人爱干净，学校都是有专门的保洁公司提供清洁服务的，校园里不会找到卫生死角；也听说上海的学校虽然面积不大，但是布置得错落有致，韵味十足。果然如此，来到尚文中学和卢湾区第一中心小学，大家都对整洁优美的环境、和谐浓郁的文化氛围啧啧称道。同时，有几个镜头闯入了我的眼帘，通过它们，我看到了上海教育者的精心：

镜头一 卢湾第一中心小学规模不大，新建的教学楼尚未竣工，站在校门口，小小的操场一览无余，感觉只有三四个篮球场那么大。操场中安放了几个简易篮球架，跑道内侧竟然还有一棵树，应该是为了尊重这棵古老植物的生命而留下的。不经意看去，篮球架和古树都穿着绿色的"裙子"，前去一摸才知，是用绿色的布包着海绵做上去的，软软的，纵然是调皮的小孩子跑跑跳跳撞上，也不至于受一点伤。孩子的健康与活泼就这样被精心地保护到了。

镜头二 尚文中学乍一看实在是普通至极，狭小局促，一部分学生做操甚至要安排在楼道里。综合楼的门厅矮矮的，张贴的通告、宣传画也跟精美不搭界，但是有一张学生的合影照片让我们几名女同志羡慕不止：照片里有十几个女生个个笑得阳光灿烂，她们的校服，款式与男生别无二致，但是颜色，竟然是娇媚的粉红色！女性的爱美之心就这样被精心地关注到了。

镜头三 还是卢湾第一中心小学，走廊上安装着一个个的橱窗，里面有师生自己制作的各类知识介绍，虽然有点简陋，但是一框框地充满着生机，这是华丽的有机玻璃电脑制作出的宣传画所无法显示出的活力。有那么三四个橱窗，展出的是一个系列，叫做"吴昊摄影展——童眼看世界"。能够为一名学生办一个展览，这对孩子的成长有多大的激励啊。孩子的特长就这样被精心地培养到了。

二、听到的朴实——抓质量的决心

上海人在我们山东人的印象中是精明的，但又似乎不像我们山东人这么直率、淳朴。可是这次听上海的几位知名校长做报告，却使我感觉到了上海人的实在，感觉到了他们抓教学质量的决心。

声音一 上海市莘庄中学王建定校长将学校从一所普通的郊区中学发展成示范性中学，高考达线率异常突出，他在报告中直言不讳地说到了"决战课堂、决胜考场"的方针，谈到了研究考试的五大环节，甚至提到了不得已而为之的"阳光课表"。虽然大家都知道素质教育不是不要考试，但还是为他的这份真诚感到一丝惊异。

声音二 马骉是一位闻名全国的优秀语文教师，也是一位致力于课堂教学研究、管理艺术独到的校长。可是，他很坦率地告诉我们，自己在高中，一直要抓教学，抓成绩，来自学生、家长、社会方方面面的压力太大，在几番运作后，终于调出去了，顿感"无压力一身轻"。听到这片肺腑之言，我觉得大家都能理解马骉的激流勇退，毕竟，只有真正将教学质量铭记在心、决心抓好的校长才会感到肩头责任的重大、才会为压力所困吧。

声音三 尚文中学是上海初中教改的领头羊，这所学校的教学质量在并校之后生源质量下降，但教学质量却不断提升。管彦丰校长为我们做了题为《全方位多渠道，大面积提高教育质量》的报告，将他们在分层教学、学法指导、落实常规、配备师资、发展特长、评价激励等方面的做法毫无保留地一一道来，甚至细到了如何采取措施让学生完成作业、如何通过周清月结的方式进行教学诊断。这种敞开心扉的诚恳，是根植于他提高质量的决心之上的。

三、想不到的震撼——做教育的用心

上海是繁华的大都会，是一座时尚之城，上海人应该是崇尚休闲喜爱娱乐的吧，但是这次上海之行，上海校长的勤奋、扎实、沉稳、严谨和果敢却超出了我们的想象，让我们为之震撼，让我们触摸到了他们做教育的用心。

震撼一 为我们讲学的专家有的年事已高，有的正当壮年；有的幽默潇洒，有的内敛含蓄，但是他们都拥有睿智的头脑、敏捷的思维、精深的专业知识和出口成章的谈吐。聆听他们做报告，是一种享受，是一种熏陶。折服之余，我们领悟到了一句话的含义：人格魅力是第一教育力。

震撼二 马骉校长每天都会早早到校迎候全体师生，并到每一个教室巡视学生的状态，时至今日，他仍在全国各地登台授课，潜心于语文课堂教学的研究；管彦峰校长对学校各个学科的教学模式、教材重点了如指掌，听他的报告，你会在心底暗暗揣测他究竟学的是何专业……上海校长对工作的专心、认真和奉献，让我们在震撼的同时懂得了：敬业精神是做好本职工作的重要前提和可靠保障。

震撼三 卢湾第一中心小学的程华校长是在56岁时从教研室调到学校任校长的，今年已经64岁了。我们的父辈在这个年龄已经在安享退休后的悠闲，程校长却依然在从事着管理、建设着学校。为了更全面地了解这所小学，我从网络中搜索了有关信息，有一段文字让我感到惊异——学校有10项师德考核指标，其中规定上课不能带手机进教室，不管接听与否；教师的办公电脑不能随便上网，只能上学校规定的几个教育类或新闻类的网站，青年教师不能随便下载歌曲，否则都会作为教育事故而记录留档；每年都要组织教师考试，考试内容涉及教师任教学科、时事政治、包括校长开会时的讲话内容等……原来，在民主与人文的口号叫响大街小巷的时候，上海人的头脑很清醒：民主不是绝对自我、人文不是随心所欲，刚柔并济的管理艺术才真正彰显出了领导者的智慧！

四、惊叹后的启示

考察学习的七天，伴随我们的是数不尽的触动与感慨。上海教育者认认真真、脚踏实地做教育的精神跟我们的现实状况碰撞着，让我们在心里发出了一声声的惊叹，惊叹之后，我们得到的是深刻的启示——

启示之一　立足常规、聚焦课堂是抓教学的永恒主题。

所有的校长在报告中都将对教学常规的管理、对课堂教学的研究作为浓墨重彩的一笔来讲述。其实，教学常规是教学的基本章法，人人都在做，校校都在抓，我们也不例外。但是对教学常规管理的认识不同，抓的严格程度不同，做的结果自然也是千差万别。有人认为，在新课改如火如荼的今天，新理念、新模式、新活动层出不穷，常规管理已是陈芝麻烂谷子不值一提；有人认为，教学常规大多是限制教师自由舞蹈的镣铐，要给教师松绑，势必要大胆革除某些常规条目；还有人认为，"不管白猫黑猫，逮着耗子就是好猫"，只要把教学成绩作为考核教师的主要依据即可，教学常规不必真刀实枪去管……但是上海的校长们清醒地认识到："天下难事，必做于易，天下大事，必做于细"，教学也是如此，教学常规是抓教学工作的永恒重点，它是取得优良教学成绩的基石，是塑造高水平教师队伍的保障。

因此，我们应该坚持抓好教学常规，在制度的制订上，突出一个"细"字，将教师的每一项教育教学工作都纳入制度管理中，使教师做有标准，行有规范；在制度的落实上，应该强调一个"严"字，通过各种有效的途径和措施及时了解和发现落实中存在的问题，不断提出改进意见，保障各项工作健康发展和优质高效。当然，坚持常规管理并不等于一成不变，随着教育教学理念的不断更新，各项制度规定也应不断调整完善。

现在，新课改的重点已经由务虚层面的谋求认识统一逐步向课堂教学的改革这一纵深延伸——因为无论是先进的理念，还是优秀的教材，最终都要落实到课堂上，课改的主战场是课堂，提高质量的主阵地是课堂，实施素质教育的主要途径依然是以课堂教学为核心的各项常规工作。所以，立足常规、聚焦课堂，优化教师的教学方式、学生的学习行为，这已成为当前深入推进课改的一场非常重要和关键的攻坚战，也是我们教育管理者应该做好的最基本的工作。

启示之二 打造优秀教师团队是提高学校核心竞争力的保障。

上海学校的教师团队是高素质的，每所学校都在促进教师专业化发展方面下足了工夫。的确，教师是教育改革和发展最重要的资源，是学校教育改革的主体和办学的依靠力量。我们应该以文化锻造教师精神、以制度规范教师行为、以教研促进教师发展、以读书引领教师成长。要给教师一个平台，使其能尽显才华；给教师一个阶梯，使其能登高望远；给教师一个机制，使其能自我完善，努力培养一支思想觉悟高、手段多样、适应新时代发展要求的教师队伍，实现"名师发展名校，名校造就名师"的良性发展。

（1）以文化锻造教师精神。学校在长期的发展过程中，都会积淀起深厚的文化底蕴，这是学校最为宝贵的财富。我们应该通过开展学习、举办讲座、进行交流等多种形式引导教师继承优良思想传统，以产生共同的献身教育事业的思想情操、工作态度、道德规范和行为取向。要引导教师努力建设好自己的"三个精神乐园"，即建设爱岗敬业的精神乐园，建设热爱学生的精神乐园，守住依法执教的精神乐园，使 "敬业奉献、勤业爱岗、乐业爱生、精业钻研、创业开拓"五种精神得以发扬光大。

（2）以制度规范教师行为。没有约束的管理不会培养出高水平的教师，卢湾第一中心小学的近乎苛刻的制度应该坚定起我们严格管理的信心。我们应该不断完善、落实各项规章制度，通过制度来规范教师的教育教学行为，以制度的公开、公平、公正保障学校各校工作的正常开展，调动教师的工作积极性。当然，我们还要在工作中注意制度管理与人文关怀的辩证统一，尊重教师劳动、关心教师生活，充分发挥教师自身内在的潜能与作用，使教师把学校的管理制度化为自觉的行动。

（3）以教研促进教师发展。进行校本培训，开展校本教研，为教师发展搭建平台，是推动教师专业发展的基本途径。首先，要通过校本研修强化学习，为教师成长提供基础平台。我们要不断充实培训内容，丰富培训形式，加强对教师的继续教育。要注重教学反思，引导教师自觉地把自己的课堂教学实践作为认识对象进行全面而深入的思考和总结，从而进入更优化的教学状态，使学生得到更充分的发展。要大力开展课题研究，用科研的眼光审视研究教育教学中存在的问题，把问题上升为课题，用科研的办法研究解决好这些问题，逐步提高教师的教学科研水平。 其次，要通过任务驱动、岗位锻炼，为教师成长提供有效平台。我们应该为教师实现自我价值提供各种机遇和可能 ，有能力的给舞台，有成绩的给荣誉，有困难的给帮助，要充分发挥骨干教师的岗位示范带动作用，对青年教师则实行合理加压，让他们承担工作重担，发挥潜在能量，不断磨练成长。

（4）以读书引领教师成长。书籍是人类进步的阶梯，也是提升教师素质的营养剂。上海的校长都是博览群书的，他们对教师的读书引领是富有成效的。我们也应该积极建设学习型学校，建立教师读书制度，规定读书时间，开展读书交流、读书心得评比活动，让教师带一缕书香进校园，养成良好的读书习惯和思考习惯，以此来丰富教师教育生命的成色，使教师提升理论和实践水平 ，朝着"有哲学的头脑，有学者的风范，有精湛的教艺、有愉悦的心境"这一目标不断迈进。

启示之三 用心做教育方能做好教育。

这一点，是我受到的最大的启示。

陈小娅副部长曾说：教育工作者应该摒弃功利主义，沉下身子、静下心来、立足生本、关注人本，把教育做实。

数学特级教师、北大副校长张思明说：用心和用力是不一样的，用心就是要努力认识、感悟教育的规律，努力把素质教育的理念转变成自己的教育实践，把自己的教育工作不仅看成是一项事业，而且是自己生活中必不可少的一部分，不断地想着它、念着它、琢磨它、感悟它、享受它。用心去聆听学生的心声，用心去观察品味教育现象，用心去感悟教育中的规律、用心去施展教育的智慧，用心去创造学生发展的广阔空间，用心去实践育人的过程等，均源自用心。用心做教育方能留心观察、细心品味；用心做教育方能专心实践、恒心坚持；用心做教育方能达高致远、宠辱不惊；用心做教育方能童心不泯，拥有爱心；用心做教育方能心怀感激、胸襟坦荡……

的确，我们接触到的专家、校长无一不是执着于事业、安心做教育之人。用心做教育，就需要我们摒弃浮躁的心理，沉下心来，细细地研究教学，大胆地加强管理，在处理日常琐事中感受充实的幸福，做一个快乐的勤奋者；用心做教育，就需要我们不断学习，只有通过学习，才能更为明确地了解自己的不足，找到需要努力的方向，为自己做好本职工作提供源源不尽的精神动力。如果我们人人都是用心者，教育的明天就会更美好。

七天的考察学习虽然辛苦，却不虚此行、受益匪浅。上海教育家的儒雅风度、上海校园的文化氛围深深感染着我们、激励着我们；上海之行，让我们明确了方向，增添了动力，我们将去除浮华，用心工作，为教育事业涂写一笔新的辉煌。

努力奔跑 奋勇追梦

——明天外国语实验学校2018年工作汇报

青岛西海岸新区明天外国语实验学校是西海岸第一所本土民办初中学校，2016年8月正式招生运营，目前有专任教师76名，学生700人，分为26个班，实行小班化教学。2018年，在西海岸新区教体局的正确领导下，在全校教职员工的团结协作和努力拼搏下，我校坚持"德育为首，以人为本，质量强校"的办学思想，认认真真促进教师专业发展，全心全意提高学生整体素养，扎扎实实抓好各项常规工作，学校教育教学质量和办学美誉度进一步提升。

一、点一盏"刚柔并济"灯，引领教师在专业发展上快速前行

教师的素质直接影响着学风和校风，教师的形象直接关系着学生素质的培养。我校教师队伍非常年轻，平均年龄仅有25.63岁。年轻教师有活力有闯劲，但是也缺经验需引导。针对独特的教师现状，我校点燃一盏"刚柔并济"之灯，打造出一支认真负责、团结上进的教师队伍，引领他们在专业发展之路上快速前行，赢得了家长的赞誉和社会的认可。2018年，我校孙燕老师被评为区优秀班主任，王雪老师被评为区优秀教师，1人在青岛市"一师一优课"中被评为市级优课，7人被评为区级优课，2人在区优质课比赛中获得三等奖。

1. 建章立制，严格要求。

无规矩不成方圆，学校制定了《教师管理制度》、《教学常规基本要求（60）条》、《教师考核办法》、《生活老师工作细则》等规章制度，从聘任、职业道德规范、生活礼仪规范、出勤、教学常规等方面对全体教师提出明确要求，并在日常中抓好制度落实。在出勤与办公纪律方面，严格实行签到和请销假制度，并不定时组织年级组长、轮值校助、教研组长等进行纪律检查，下发督查通报，对于违反规定的教师不留情面，按考核办法扣发工资、扣减常规检查分数，对职业道德严重缺失的教师实行一票否决，直接淘汰。

2. 认真负责，无私奉献。

学校大力弘扬"认真就是能力，实干就是水平"的工作态度和价值取向，全体教师尽管年龄偏小，经验不足，但是都不怕苦累，不计得失，认真做好各项教学常规工作，积极主动外出参加各类教研活动，对学校临时性的工作也是抢着干、比着干。2018年，学校先后迎接了初中学校第三方评估、教体局"大调研"、区安全大检查、责任区督学督导评估、青岛市督导考核等多项上级检查活动，赢得了各级领导的好评称赞。教师的工作不只局限在工作时间，也不局限在校园之内，全体教师从未向生源质量无法与城区优质学校相比的现状妥协，而是抱着"不达目的决不罢休"的抓落实态度，"堂堂清，周周清，月月清"，想方设法、争分夺秒提高学生成绩，抓住点滴时间提问、辅导，周日提前到校为后进生补课，节假日通过手机批改作业、深入学生家庭家访等等，可以说，全体教师都在"拼"，不仅拼出了优异的教学成绩，也拼出了完善齐备的档案资料，拼出了明天外国语教师"特别能吃苦，特别能战斗"的品牌，也拼出了自己有价值有意义的人生经历。

3. 加强培训，苦练内功。

为了弥补青年教师经验不足的短板，我校与隐珠中学加强沟通联系，实行教学资源共享，大型考试两校联合检测阅卷，我校教师每周到隐珠参加集体备课与教研组听评课活动。我校所在的初中第五教研联合体、区教育发展研究中心组织的各项教研活动，全体教师也积极参加。2018年，我们选派优秀教师到菏泽参加了家庭教育培训会议，到济宁知名学校进行考察学习，还与深圳市桂园中学签订了友好合作协议，迎接了瓦努阿图共和国教育部官员的参观访问并签署合作协议，给教师增加了更多外出学习交流的机会。校本培训方面，除了每周一次的教研组活动、每周两次的集体备课之外，学校还组织开展了安全救护知识培训、微课制作培训、备课组长论坛、班主任论坛、教师基本功比赛、教学常规工作展评等业务培训与主题活动，通过丰富多样的培训方式来开阔教师眼界，更新教学理念，丰富教育教学方法。尽管学校全为青年教师，但老师们上进心强，把培训学习看做是最好的福利，踊跃参加各种活动，教学水平迅速提升。

4.关爱尊重，包容引导。

民办学校的人事体制决定了教师的工作压力较大，加之我校大部分教师离开父母住在学校，他们更需要人格上的尊重、工作上的指导、生活上的关爱。我校着力营造平等和谐的人际氛围，尊重教师，信任教师，干群和睦，同事团结。年轻教师有时难免"不懂事"、"不会干"，对他们犯下的种种错误，学校不是劈头盖脸训斥呵责，而是包容教育，讲清利弊，分析错因，指导改进，引导老师们逐渐明白事理，越来越会干，越来越能干。

5.生活丰富，氛围融洽。

除了教育教学工作之外，学校在教师业余生活方面用心组织安排，三八节开展了"最美女神节"主题活动，由男教师表演节目、动手炒菜，让女教师实实在在体验到了做女神的感觉；秋季开学初组织了拓展训练，促进了团队凝聚力；教师节举行了联欢晚会，每个备课组精心准备节目，展示艺术才华；秋天枫叶正红时，我们组织备课组到张家楼"网红林"进行集体备课；田径运动会有教师丰富多彩的竞技项目，元旦联欢也让年级组教师登台展示，与学生一起共迎新年……

日常生活中，我们还取得了餐厅的大力支持，组织教师进行西点烘焙、自助烧烤……教师生活有滋有味，丰富多彩，教师之间团结友爱，像一家人一样其乐融融，和睦温馨。

二、画一幅"全面发展"图，推动学生在综合素养上绽放光彩

德育工作是学校的首要工作，以德育人是素质教育的根本。我校真正把德育放在首要位置，丰富德育内容与形式，注重德育工作的针对性和实效性，精心勾勒出一幅"全面发展"的图画，让全体学生的综合素质得以大幅提升。2018年，我校获得青岛市第二十八届中小学生艺术节啦啦操比赛一等奖、合唱展演三等奖，西海岸新区艺术节合唱展演二等奖、班级舞蹈比赛三等奖，西海岸新区"爱护自然资源，让贝壳回家"知识竞赛团体第二名、优秀组织奖，西海岸新区学科素养竞赛生物一等奖、数学二等奖、物理三等奖，有53名学生在全国、省、市、区级脑力、体育、朗诵、舞蹈等各类比赛中获奖。18年，我校与法国大巴黎俱乐部签订了足球特长学生输出与培训合作协议，助推有特长的学生走向更为广阔的发展舞台。

1.强化行为规范教育，提高学生文明素养。

认真贯彻落实《中学生守则》和《中学生日常行为规范》，结合我校实际修订完善了学生管理制度，加强学生文明行为习惯的养成教育，培养学生形成遵守纪律、仪表规范、举止文明等良好的行为习惯。坚持开展卫生检查和常规百分竞赛检查通报制度，对于学生仪表、室内外卫生、内务整理、课堂纪律、课间秩序、两操状况等，由兼职教师、轮值校助天天进行检查通报，每周汇总后在升旗仪式上公布名次得分，每个阶段汇总后进行表彰奖励。学校重视学生自主管理，采用"班级轮流，全员值周"的方式让全体学生参与到学生管理中来，值周生认真、严格、公正，对路队秩序、用餐纪律、校牌佩戴等方面进行检查记录，不仅保证了学校良好的学生秩序，也加强了学生对自我的约束和管理。经过各方面的齐抓共管，学生着装整齐、发型规范、行走有序，课堂纪律、课间秩序均为一流学校水准，学生有礼貌、懂礼仪，精神面貌积极上进，极具"贵族范"，在外出考试、研学旅行时备受外界关注，无形中成为宣传学校的一张靓丽名片。

2.精心打造德育品牌，开展丰富多彩活动。

学校以"青春梦飞扬"德育品牌建设为核心，以主题教育月活动为依托，先后开展了"相约春天，让雷锋精神在校园闪光"、"踏着烈士的足迹前进"、"感恩母亲节"、"浓情端午"、"经典咏流传"、新生训练营及研学旅行等主题教育活动，结合常规性的"百家讲坛"、走班选课和社团活动，对学生加强思想品德教育，让学生在活动中体验感悟，在活动中锻炼提升。

3.拓宽英语学习途径，突出英语办学特色。

作为外国语学校，加强英语教学是我校长期坚持的工作重点。每个阶段的英语检测，我校都加入了30分英语基本知识试题，让学生重视英语、抓住基础不放松；我校每月开展一次疯狂英语背诵比赛，观看一部英语原版电影，创设"说英语、用英语"的氛围；基础年级兼周上一次英语外教课，加强英语口语交际训练；2018年11-12月，我校举办了第三届"校园英语节"，在为期两个月的时间里集中开展单词接龙比赛、英语手抄报比赛、英语书法比赛、英语配音比赛、英语话剧表演等活动，调动学生学习英语的积极性，寓教于乐，提高英语水平。

三、写一笔"横平竖直"字，促进质量在常规管理中稳步提升

加强过程管理、环节管理，抓教学常规的落实，是取得教学高质量的根本保障。横平竖直非小事，一笔一划有学问，对教学常规工作来说，横是制度规定，竖是检查落实。2018年，我校坚持在"精"字上提要求，在"细"字上下功夫，在"实"字上做文章，确保了备课、上课、作业批改等教学常规环节的扎实推进。

2018年6月，我校第一届学生参加了地理、生物会考，两科平均分、及格率均为全区榜首，学校的教学质量得到了极有说服力的"官宣"检验。

1. 严格规范办学行为。

认真执行上级课程方案，落实课程标准，按规定开齐开足课程，不随意增减课程和课时。严格按上级有关规定征订教材、教辅资料。合理安排学生作息时间，对各科作业进行总量控制，各科教师精选作业内容、提高作业质量，坚决杜绝布置大量机械性、重复性、惩罚性的作业，精心研究布置弹性作业、分层作业，引导学生自主学习，切实减轻学生过重的课业负担。

2. 常规检查稳步推进。

学校坚持每周进行教学常规检查，对教师的教学案数量、教学环节设计、课后记、听课记录、作业上交数量、作业批改等工作进行全面详尽的检查记录，将检查记录表格在教师群中公布反馈。全体教师的常规工作认真严谨，教学案数量充足，习题准备充分，教学环节齐全，教师"下水练习"认真；学生作业上交齐全，很多老师会和不善保管作业的"熊孩子"斗智斗勇，运用多种方式追缴作业和改错，保证上交率达到百分之百。细致认真的作业批改是我校的一大特色，老师们批改符号规范，分数或等级评价科学，并能够进行二次批改，形成了良好的批改习惯。在每周例行检查的基础上，我们还进行了期中常规展评，组织老师们在交流中互相学习、在检查中促进提高，也一并督促学生及时整理学案习题，保存好学习资料。

3. 课堂效率继续提高。

学校致力于常态课教学效益的研究，采取四项措施提高课堂效率：一是轮值校助加强巡课密度，不间断查看教学规范程度、查看学生学习状态，保证不出现空堂、学生严重违纪等教学事故；二是班主任坐班听课，有效督促了各科学习效率，学生纪律状况明显改善；三是不断增强教研组听评课活动的实效性，特别是评课环节，有效磨练了教师的授课技能；四是继续坚持推门听课，全部课堂全天候开放，老师可以随时听课，有时还邀请家长到校听课。我校目前的课堂教学呈现出五个良好现象：一是课堂秩序得到有效维护，很少出现学生纪律涣散、教师无法上课的现象；二是学案运用越来越务实有效，或提前预习、或当堂讨论检测、或检测自查、或课后巩固，形式不拘一格；三是"小循环、快反馈"的教学方法得到普遍运用，讲一讲、练一练、背一背、查一查，大部分课堂做到了重点知识当堂消化；四是多媒体使用率较高，老师们精心准备课件，借助多媒体设备增强直观性与趣味性，加大课堂容量，加快课堂节奏；五是"以学定教"的意识普遍增强，不断突出学生的主体地位，放手让学生研究、讨论、展示，让学生真正成为学习的主人。

四、唱一首"平安和谐"歌，确保学校在安全稳定中顺畅运行

学校安全直接关系到广大师生的生命安全，关系到社会和谐稳定。学校重视安全管理及安全教育，建立健全安全工作各项规章制度，深化管理，为广大师生创造安全和谐的工作、学习和生活环境，唱了一首平安和谐的稳定之歌。

1. 体系健全。

学校建立了校园安全管理责任体系、各种安全领导小组，明确了各领导小组成员具体职责。

2. 演练到位。

学校每周组织进行安全隐患排查，对检查发现的问题及时进行维修整改；每月组织召开一次应急演练，演练方案、照片、评估表、总结等资料齐全，收效明显。

3. 档案齐全。

学校安全档案比较齐全，有标签有目录，按照《中小学幼儿园校园安全检查及隐患政治一览表》的检查内容分类整理，在历次安全检查中均得到较高评价。

4.培训有效。

学校安全培训工作扎实有效，组织全体教师进行安全知识学习及消防灭火、应急救护能力等方面的专题培训，增强教师的安全防范和救助能力。

2018年，我们一直奔跑在路上，每一项成绩的取得都离不开全体成员的共同努力。我们在看到成绩的同时，更需要冷静地进行反思：个别学生思想意识负能量太多，价值观需要正向引导；部分学生缺乏紧迫感，学习积极性不高；学生的思想、行为习惯养成上还应不断加强教育督促；个别教师工作纪律观念淡薄，大事不犯、小错不断；个别教师的教育手段、教学方式方法、工作能力、管理水平需要不断提高；学校管理层面需要加强完善，部分工作不够严谨细致；学校的各项考核奖励制度需要调整、修改，以真正起到激发全体教师工作积极性的作用。

前途是光明的，道路是曲折的；心中有梦想，脚下有力量。今后我们将继续在上级主管部门的领导下，紧抓机遇，上下一心，迎难而上，锐意进取，努力奔跑，奋勇追梦，继续打造明天外国语的优质品牌，力争在教育教学各项领域有更大的突破。

青春在梦想中起航,梦想在奋斗中绽放
——青岛西海岸新区第十初级中学转变薄弱的追梦之旅

青岛西海岸新区第十初级中学始建于1996年,占地面积40.8亩。现有34个教学班,学生数1645人,教职工151人。学校先后被授予青岛市文明单位、青岛市规范化学校、青岛市教学示范学校、青岛市德育工作先进单位、青岛市校本培训示范学校、青岛市现代化学校等。

建校二十多年来,十中的发展可谓一波三折,有初建时的辉煌盛况,有低迷消沉的末位困境,更有2011年以来的砥砺奋起。最惨痛的状况,是在2010年时位于全市(原胶南市)23所初中学校的倒数第一。"梦",这个绚美亮丽的文字,深植于每个人心中。人生如船,梦想是帆;质量如船,奋斗是帆。从2011年起,十中人开始了艰难的的追梦之旅。我们痛定思痛,向思想根源处问诊,向课堂痼疾处开刀,向有效教学求药,向校本教研探宝,高扬起奋斗的风帆,以认真和勤奋做桨,在广阔无垠的海洋里劈风斩浪,划向芳菲满眼、五彩缤纷的彼岸。

一、从抱怨到行动——认真对待,冷静分析,从特色入手确定学校发展的新思路

1.承认现状,深入剖析,反思自身的"不作为"

我校地处城乡结合部,曾几何时,学校的地理位置、家长素质、学生习惯和教师年龄是四张顽固挡箭牌,试图挡住一切对学校质量严重下滑的质疑:整个招生区域基本为城郊农村,经济发展滞后,与市直优质学校距离较近又使得优生流失严重;家长多为打工族,为生计忙碌不暇的他们既无财力、又无精力,更缺少基本的知识储备和教育子女的科学方法;学生基础薄弱,习惯不佳,厌学现象比较普遍；教师老龄化现象比较严重，不少教师工作力不从心。理论上，我们的学生更需要通过学校教育赢得未来、改变命运，但他们却普遍缺少长远的人生目标，没有做梦的勇气；他们更欠缺良好的家庭教育和行为习惯培养，没有追梦的魄力和圆梦的实力。梦想苍白的不止是学生，由于多年处于薄弱地位，学校教师的成就感缺失，工作动力不足，职业倦怠严重；整所学校也暮气沉沉，缺少朝气和活力。这些现象都是客观存在的，但是长期以来都只被当作了抱怨的主题，而没有成为认真研究的对象。顺势分析下去，不难发现学校层面的管理问题，例如，面对特殊的家长群体，学校并没有跟上相应的家庭教育指导；教师的年龄固然偏大，但是学校对于新理念的学习、新模式的研究并没有做到与时俱进，也缺少调动教师积极性的制度规定；学生学习主动性不强，学校并未安排丰富的学习活动，而僵化的教学方式、沉闷的课堂氛围更加剧了学生的厌学情绪。

2. 研究现状，合理归类，明确发展的主攻方向

基于找理由、为自己开脱的现状分析毫无价值，对决定学校质量高低的管理方式、教学策略避而不谈只能使师生状态更加消极，使管理问题愈加严重。学校通过问卷调查、座谈、意见征集、电话访谈等方式，向教师、家长和学生广泛征求意见和建议，冷静客观地梳理了导致学校滑坡的主要原因：一是学校管理不够科学精细，现有规章制度跟不上时代的发展和形势的变化，师生缺少凝聚力和向心力，学校文化建设薄弱，正能量不足；二是先进的教育思想、教育理念没有完全成为每一位教师的自觉行动，现代教育技术与学科教学整合与应用还比较薄弱，教师参与教科研活动的热情还不够，课堂教学模式陈旧，课堂教学效率不高；三是学生管理说教空谈成分较多，缺少培养良好习惯的有效措施，学生纪律松散，品行修养较差，学习动力不足，两极分化现象严重。几经研讨分析之后，学校文化建设、教师专业发展、学生习惯培养三方面的工作被确定为学校改变薄

弱、跨越发展的重点。

3.改变现状，注重内涵，打好学校发展的"特色牌"

摸清症结所在，我校迅速行动，因校制宜，从环境、制度、精神、常规等多方面对学校管理进行审视、把脉和规划，邀请专家问诊，外出学习考察，从教师、家长和学生的建设性意见中找寻突破口。在反复比较、借鉴、思考和摸索实践中，一系列具有十中特色的内涵发展思路逐步明晰：以"青春"和"梦"为关键词，校风建设上以"至勤致盛、至诚致远"的新十中校训为依托，倡导积极正向的学校精神文化；教学研究上以"双案合一、情智并育"模式为主线，集思广益，注重细节，夯实备课、上课、作业、辅导等常规教学环节；课堂教学上以"导学、互助、发展、多元"为追求，打造以生为本、高效愉悦的精品课堂；学生品德教育上以"青春梦飞扬"为品牌，通过开展"主题教育月"和"十大习惯助你成功"活动，引导学生学思结合、知行并重；教师发展上以"梦回青春"为主题，以制度规范教师行为、以教研促进教师发展、以读书引领教师成长，努力创建学习型组织，唱响"乐教、会教、善教"三部曲——以此来多方位提炼学校文化，多层次彰显学校个性，向深处挖掘，向广处开拓，向课程发展，用文化来提升学校品位，努力营造师生共同发展的精神家园。

二、从外在到内涵：虽曰难能，心向往之，以文化管理打造学校的核心竞争力

1.建设浓厚的显性文化氛围，发挥环境育人的良好功效

我们以"青春梦飞扬"为核心进行校园整体环境设计，凸显"至勤致盛、至诚致远"的校训，将学校的四座楼由南向北命名为"至勤楼"、"致盛楼"、"至诚楼"、"致远楼"；而串联四座楼的三处绿化景观，则根据其或草坪开阔、或树丛浓密、或假山池沼生机盎然的特点，由南至北称之为"寻梦苑"、"追梦林"和"圆梦池"，让学生们从初一到初三，走完"寻梦"——"追梦"——

"圆梦"的三部曲，走向更精彩辉煌的未来。因为我校面积不大，因此环境建设着力突出清新、淡雅的色调，力求形成精致亮丽、文雅大方的环境风格。我们从细节处编织好"文化的花边"，让温馨的个性化提示语为花园草丛增添书卷气和"安全感"；制作精美的班主任寄语牌、班级评比栏，与各具特色的班级墙报互为补充，打造丰富生动的走廊文化；精心选编激励奋进、陶冶情操的名言警句制作宣传牌匾，形成特色鲜明而又和谐统一的教室文化和办公室文化。同时，学校应时顺势进行了"最美室内一角"的评选，让学校从外到内每个角落都整洁精致、美不胜收。

2.构建完善的制度文化，发挥制度的引导激励作用

学校向全体教师广泛征求意见，召开教代会研究讨论，在现有制度规定的基础上进行调整，进一步完善教职工考核和学校优秀教师评选办法。例如，对课堂教学评估实行捆绑考核，采取备课组推荐1人、学校随机抽取1人，取其平均值作为备课组教师的课堂教学成绩，促进教师加强研究、集体创优；既重工作结果、又重工作过程，将工作态度、承担的工作量多少等作为考核优秀、评选先进的基本条件，尽力凸显公平，让多劳者多得，给态度正、出力多的教师更多的评价和荣誉；在继续坚持评优树先向一线教师倾斜、向班主任倾斜、向九年级教师倾斜的同时向老教师倾斜，设立"晚晴奖"，适当放宽老教师在评选学校优秀教师时的条件，年龄在50岁以上的男教师、48岁以上的女教师，工作量不少于备课组平均数，教学成绩在备课组前五分之四，或班级平均分低于备课组平均分两分以内即可成为学校优秀教师。学校还研究制定了先进教研组、备课组评选办法，对整个组的团结协作、考试成绩、常规检查、教研成果等进行总体评价，先进组的教师、组长在年底考核中适当加分奖励，评优树先同等条件下可优先推荐。

3.打造丰富多彩的课程文化，让课程为学生发展护航

我校紧紧围绕"青春梦飞扬"这一主题，遵循"引领学生个性发展、促进教师专业成长、彰显学校办学特色"的原则，按照"建立组织机构—明确学生需求—确定课程目标—编制课程内容—选取学习方式—实施、评价—完善、修订"的校本课程开发与实施步骤，以"理想励志教育、文明礼仪教育、勤奋自强教育、自信诚信教育和身心健康教育"为重点内容，扎实进行校本课程的开发与实施，课内与课外结合，人文与科学交融，不断探索开发能够彰显学校特色的校本课程。在以往《硬笔书法》、《习惯决定命运》、《送你一把金钥匙——中学生学习方法指导》、《师生共读古诗作品选》等课程的基础上，开发《初中作文写作指导》、《聚焦热点，拓宽视野》、《海洋资源的开发与利用》、《青春健康教育》、《黄岛文物古迹考察》、《文明礼仪伴我行》、《前进一步、改变一生》等校本课程，在教育教学中坚持"三个统一"，即文化知识学习与思想品德修养的统一、书本学习与社会实践的统一、全面提高与个性发展的统一，着力培养学生的行为习惯、学习习惯，全面提升学生的综合素质。

三、从"水落石出"到"水涨船高"——集思广益，合作共赢，以有效教学打造学校的亮丽新名片

1.缩小差距的突破口——推行模式，团队攻坚，形成良性竞争氛围

学科之间、班级之间、教师之间出现成绩高低差距是难免的、正常的，但是差距过大则表明教学管理、教师态度、团队合作、学情分析等方面存在着疏漏。三年前，我校的成绩差距让人咋舌：优势学科在教学共同体学校中排名靠前，薄弱学科则往往要比兄弟学校落后十几分；级部班级之间学科成绩高低差在十分上下竟然是普遍现象，即便是思品、历史等相对不易产生过大差距的学科也如此，而英语、数学等学科，班级差距竟然多次高达二三十分！如此违背规律的差距造

就了极少数教师和班级的"辉煌",大多数教师则从惊讶到麻木,在灰暗惨淡中重复着过往的教学方式。我校组织干部、备课组长和教学骨干仔细分析这种异常差距背后的必然原因:学校缺少竞争氛围,部分教师安于现状,责任心不强;备课组成员合作意识淡薄,个别教师单打独斗;教师之间难以做到"知己知彼",教学方式、作业设置、学生掌握情况等缺少交流,甚至连基本的教学进度都难以统一。而学校层面在教学管理中只提要求、不想办法,片面将责任推卸到教师学生身上,没有及时跟进有效的调控措施,也是导致差距过大的重要原因。

  面对散乱无序的教学状态,我校找到了改变困境的突破口:推行"双案合一、情智并育"有效教学模式。"双案合一"首先指师生共同使用的"教学案",还包含教师的讲与学生的练两种上课形式的统一、教师的主导与学生的主体两种上课地位的统一。"情智并育"则指利用"情智相长",使师生都获得良好的情感体验和丰富的智慧,共同实现生命发展的可能性。每份教学案由备课组成员轮流主备,集体共同研究修改方能定稿,印刷后教师填写教学设计,进行二次备课,由此,备课这一日常的教学业务工作便上升到了教学研究的高度,培训、教研、备课、上课,不再互相游离,而是逐步达到了和谐统一,互为补充,互为促进,相得益彰。一份好的"教学案",教学思路是统一的,既加速了新教师、青年教师的成熟和骨干教师的培养,又促进了中老年教师的进一步创造,实现了优势互补,集体智慧得以最大发挥;由于精选习题,既减轻了学生过重的课业负担,又减少了教师的无效劳动;教学案要求教师全批全改,作业批改环节得到了落实;而且,单元测试题要从教学案中选择原题或加以改动进行命制,促进了学生认真完成、完整保存的自觉性。可以说,一份教学案起到了"一线串珠"的作用,串起了集体备课、上课、作业批改、考试等诸多环节。

  同时,我校加强教师的责任意识引导,努力营造干事创业、争创一流的工作氛围，发挥级部负责制的管理效能，由级部主任协调班主任、备课组长及时对教学问题进行会诊，发现缺漏就及时补足、指导。学校教研活动也将重心转移至备课组，统一安排每个备课组兼周听评课一次，使得备课组教师的集体备课不是"纸上谈兵"，而是深入课堂，教师对彼此之间的进度安排、教学特色、学生掌握情况的了解加强，教师之间差距明显缩小，逐渐形成了"百花齐放春满园"的良好局面。

2.有效教学的关键点——重视集备，依托学案，发挥集体智慧

我校教学模式的核心是"师生共用教学案"，而一份高质量的教学案必须依赖于教师的集体智慧。备课组长在学期初即进行合理分工，安排好每个章节的主备人，认真按照"个人准备——集体研讨——编写学案——设计教法——交流反思"的流程进行集体备课，主备教师则要高度负责，担起重任，认真把握课标，反复钻研教材，透彻分析学情，其他教师也要有独立思考，开诚布公地发表个人见解，用集体智慧编成每一份教学案。我们反复强调、坚决革除"一人备课，他人解放，集体模仿"的错误认识和懒惰思想，要求每一位教师都应当积极参与讨论，不能当"听众"和"看客"，更不能照搬别人的教案，不能放弃自己的教学风格和教学特性，不能忽略不同班级的学生情况。集体备课的内容不仅要研究教学目标、教学环节、教学方法，还要研究学生差异，交流加强知识落实的措施，关注日常的教学效益差距。每份学案在做到内容充实的同时，还应做到环节齐全，设计精美，要注明主备人或命题人、时间及序号，由备课组长把好质量关和排版关，签名确认后交由级部主任进行二次审核，盖章后方可印发。

为了保证集体备课的规范开展，各备课组确立了每周一、周三两次的固定集备时间，学校干部跟进检查，将评比结果及时公布反馈。所有备课组都能够积极行动，集体研究教材重点难点、习题命制和教学方法等，更有不少备课组进入了

有问题就自觉讨论、有讨论就开诚布公的最高境界。我校九年级数学组根据学生的实际情况，对课本内容进行重新整合，编写了适合我校学生的教学案，总计达16开150张之多，同时辅之以精心命制的经典题、易错题练习，课堂效率因教学针对性强而得以切实提高。

3.提高质量的助推器——夯实基础，交流合作，提升课堂效益

在课堂教学上，我校坚持推行三项针对学生基础薄弱的基本教学思路：

其一，小步勤挪，注重夯实基础。我校课堂教学坚持"小循环、快反馈"的基本原则，做到"低起点，严要求，小步子，快节奏，多反馈，勤校正"，即将每一节课的知识内容化成几个知识板块，学生在老师的引导下，根据学案先分后合、先简后繁、稳扎稳打、步步为营、集中优势兵力打歼灭战。这种方法通过多层面的反馈校正，不失时机地练习巩固每一个知识点，及时反馈教学信息，及时调整教学过程，把各种错误消灭在萌芽状态，学生进入每一级学习，都会有新的感受、新的收获和新的创造，尤其适合我校基础薄弱的学生状况，教学效率明显提高。

其二，讲练结合，力求环节合理。我校组织教师在"讲什么、怎么讲、练什么、怎么练"上悉心研究：首先是重视预习环节，指导学生在课前做好预习，利用学案初读教材，掌握基本知识点，并对疑点难点做好标记，带着问题进课堂，提高听课的针对性和实效性。其次，明确讲授内容，教师不做课堂的"保姆"和"霸主"，而要担任指导者和引领者，能让学生思考的教师不多讲、能让学生动手的教师不取代、能让学生总结的教师不包办，还舞台给学生，给学生充分的自主学习、合作交流、反思巩固的机会，让学生通过练习达成"听懂、记住、会做"的学习目标。同时又不忽略教师的主导作用，该讲了讲，"讲"功要扎实，注重讲思路、讲方法、讲联系，要讲清、讲精、讲透。此外，重视精选习题，讲

究典型性，体现层次性。练习内容要做到题目新颖、联系生活，根据教材适当拓展延伸，以推动学生的能力培养。练习方式要丰富灵活，借助学案、黑板、多媒体等多种工具，或独立完成，或分组合作，采用问答、板演、辩论、演讲等不同方式进行。对练习的结果要及时进行评价，既矫正错误，又分析原因，并要注意"多元解读"、"一题多解"现象，注意学生思维的多样性和差异性，善于在练习中发现学生思维的闪光点。

其三，合作交流，突出"生本"特质。"放开手，学生可能会走得更好"，以生为本，首先要信任学生愿学、能学，继而要引导学生会学、乐学。"小组合作"这一简单的学习方式老师们耳熟能详，却常常在课堂上流于形式，仅仅是"合坐"而非"合作"，学生的内在学习动力并未得到有效调动。我校引导班主任根据学生的智力水平、组织能力、性格特长等合理划分学习小组，建设"学习共同体"，任课教师则根据教材内容妥善安排交流讨论环节，要选准讨论的焦点——文本的"精彩点"、思维碰撞的"分歧点"、解题的"错误点"等组织学生交流。起初有些教师担心：本来五分钟就能讲清楚的知识点，现在让学生谈论就得五分钟，让学生交流再要五分钟，最后少不了教师还得再讲，这样能提高效率吗？学生会不会打着讨论的旗号交谈与学习无关的内容？我们在学习外校先进经验的同时，先在数学学科试点，组织部分教师边实施边研究，在如何调动学生的讨论积极性、如何简化小组评价指标程序、如何增大讨论容量、如何组织学生交流、如何进行精准点拨等方面研究出了一系列"小偏方"。逐渐地，原本顾虑重重的老师越来越大胆地放手了，在毕业前的数学课上，经常听到教师自信地对学生说："这两道大题交给同学们讨论解决，老师就不讲了……"名列前茅的数学中考成绩也充分验证了让学生合作学习的价值所在。经过一段时间的摸索，其他学科的教师也加入了研究队伍，学校层面的"问题超市"也顺利开张，学生们利用课余时间讨论问题的镜头不时在各个班级闪现。

四、从约束到引领——情感熏陶，内部驱动，以入情入理还原教育的"真善美"本色

1. 以"全员育人导师制"为载体，着重关注"问题学生"与"学习困难生"

"爱在左，责任在右，走在生命之路的两旁，随时撒种，随时开花，将这一长途点缀得花香弥漫，使穿枝拂叶的莘莘学子，踏着荆棘，不觉得痛苦，有泪可流，却觉得幸福"。教育不能简单僵化为限制和约束，而应根植于爱、养护于责任。"全员育人导师制"的推行，使教师的爱与责任播撒得更为深远。我校"问题学生"及"学习困难生"数量较多，对他们的关心与转化任务格外艰巨。班主任及任课教师针对这两类学生，搞清症结，制订出长效管理方案并认真落实；尽力捕捉他们身上的闪光点，采取一定的"倾斜政策"，感情投资增加一点、学习指导优先一点、锻炼机会多给一点、表扬奖励放宽一点，让他们在赏识中进步提高；老师们用爱心温暖、用细心关怀、用耐心坚持，发挥细节感染人、转化人的魅力，让学生们在爱的包围中成长。

2. 以"助你成功"为目标，重视良好学习习惯的培养

近年来，我校坚持在全校学生中开展"十大习惯助你成功"活动，即培养学生提前预习的习惯、工整书写的习惯、专心听讲的习惯、仔细审题的习惯、认真改错的习惯、讨论交流的习惯、及时复习的习惯、独立完成作业的习惯、保存资料的习惯、反思总结的习惯。我校着力突出学生书写习惯的培养，组织学生每天练字，并通过书法比赛、作业展评等方式激发学生认真书写的热情和自觉性。我们重视反思总结习惯的培养，一是在课堂教学中抓住时机积极培养学生的反思能力，例如在解题后引导学生反思——思解题思路和步骤，思一题多解和一题多变，思解题方法和解题规律；二是在每堂课学习结束后，引导学生适时总结自己

掌握了哪些知识、获得了什么技能，并进行交流；三是进行"日结周清月盘点"，通过建"错题集"、画"知识树"等方法让学生及时巩固知识、梳理体系，让学生"学且快乐着，思并成长着"。

3. 以"青春期健康教育"课题研究为抓手，培养学生形成健康的心态

我校是全区"青春期健康教育"科研课题的研究学校之一，两年来，我们根据学生的年龄、生理、心理特点和需要，适时、适量、适度地对青少年进行青春期教育，进行有针对性的帮助和引导，让学生在宽松的氛围中树立正确的人生观，顺利度过青春期，为以后的健康生活做好充分的准备。在学生心理健康方面，我们以学生年龄特点为依据，把握"动之以情，晓之以理，笃之以信，炼之以意，导之以行"的原则，针对不同年级学生心理的不同特点加强心理健康教育：七年级主要通过讲座、辩论、演讲等形式，针对学生进入中学后环境改变、学习负担加重、压力较大等方面的问题，循循善诱、耐心指导，培养学生坚韧不拔的意志和艰苦奋斗的精神，增强学生适应学校及社会生活的能力；八年级则要认真对待"初二现象"，针对青春期特有的爱表现、好打扮、易冲动、与家长老师疏远、结交朋友不够慎重等问题，客观分析、冷静对待，引导学生认识、理解青春期的变化，明确八年级承上启下阶段的重要性，培养学生形成健康的情绪、高尚的情感、坚强的意志、良好的个性；九年级重在做好学生的人生规划指导，让学生对自己的前途进行合理规划，以正常、平和的心态迎接中考，正确应对各种挑战和困难。

4. 以开展"五彩青春梦"活动为途径，努力提升学生综合素质

青春画卷是多彩的。我校在每年的九月份举办一年一度的学校"体育节"，通过趣味运动会、广播操大赛、学校田径运动会等充分展示学生的运动技能。鉴于我校学生英语水平偏低的实际，我们将每年的十一月份确定为学校"英语

月",集中举行口语模仿秀、背课文阅兵式、限时作文大赛、单词接龙等丰富多彩的活动,创造浓厚的学习英语的氛围,鼓励学生"疯狂"起来,大胆开口,大声读背,锻炼学生的自信心和表现力。第二学期的三四五三个月则是我校独具特色的"读书季",从推荐阅读书目开始,读书征文、经典诵读比赛、"书香飘远"演讲会等活动陆续启动,全体学生都会沉浸到书海中尽情遨游,用读书丰富自己的学习生活和生命成色。六月份则是学校的"艺术周",声乐、舞蹈、器乐、戏曲、课本剧、绘画、书法等比赛演出给具备特长的学生提供了展示才华的机会,我们还通过全班集体上阵的方式进行合唱比赛、集体舞表演、书法团体赛、墙报展示等,促进全体学生艺术能力的培养、提高。

五、从倦怠到幸福——靠精神站立,用业务行走,以个人成功成就学校的美好明天

1. 塑造阳光心态,创设上进氛围

因学校前些年质量持续下滑,教师普遍缺乏上进心,工作拖拉应付、态度散漫消极等风气比较严重。我校努力引导教师形成阳光心态,认识到学校是教师实现个人价值、收获幸福的场所,工作过程是一种享受而非劳役,是自我实现的过程而非单纯的付出,只有正视现实、不断进取,才能真正拥有心理上的安全感以及职业上的幸福感。我们将"以人为本"贯穿每项工作的始终,重"理"轻"管",创设和谐的工作环境,提高教师队伍的凝聚力。我们大力倡导对学生关怀呵护、对家长尊重负责、对同事友好信任、对工作认真敬业的优良作风,努力营造积极肯干、公平阳光、团结互助的工作环境以及彼此尊重、包容大度、简单透明、和谐融洽的人际关系。为了让老师们在学校中重拾青春自信,我们还开设了"魅力讲堂",将每周的教师例会开辟出一个板块,组织教师学习服装搭配、美容化妆、社交礼仪等知识,让女教师美丽自信,让男教师潇洒大方,让全体教师青春永驻、精神饱满。我们举行了教师经典诵读比赛和新年联欢晚会，形式安排上独具匠心，现场气氛欢快热烈，既让老师们展示了才艺，又增进了彼此之间的友谊。我们尝试组建了教师社团，先行开设了阳光运动社团，开展教师了跳绳大赛、乒乓球比赛等。以后我校还将逐步丰富社团种类与活动内容，创建十中教师活动品牌，让学校不仅成为教书育人的工作场所，也成为老师们活跃身心、交流情感的精神园地。

2. 注重教研实效，丰富活动形式

"人是靠精神站立的，又是靠业务行走的。一个教不好书、当不好班主任的教师，在学校里无论如何是不会幸福的。"我校通过丰富多彩的校本教研活动提高教师的业务素质，采取集中培训和分散培训相结合、个人反思与小组研讨相结合的方式，以"高效课堂、精彩展示"、专家讲座、网络研修等各种形式的研讨活动为载体，多措并举，促进教师的专业化发展。我校还将区片教研与我校实际相结合，提高校本教研的实效性，通过开展区片"班主任论坛"、备课组长经验交流、骨干教师拓展训练、参观学习等活动，加强与外校的沟通联系，促进教师提高业务水平。

3. 营造读书气氛，提供交流平台

我校大力倡导终身学习理念，引导教师树立用读书撑起专业发展天空的意识，每周固定一次阅读时间、每月阅读一份专业期刊、每学期阅读一部教育专著，用读书提高内在修养，拓宽知识视野。教导处每周印发"教海文轩"文摘小报，各教研组则坚持将读书交流作为教研活动的固定环节之一，教务办公会、各处室会议、班主任会和备课组长会等也定期开展读书活动，营造良好的读书氛围。我们还不断提供交流平台，发挥各类学科带头人、骨干教师在教育教学、教研和教改中的示范作用、辐射作用和帮教作用，通过经验交流、教学观摩等活动组织广大教师学习借鉴，取长补短，不断提升专业技能。

　　七年追梦，一路艰辛，但越走越开阔敞亮、青春复苏了。七年前，我校的升学率只有22%，2011年跃升至40%，2012年再次提高至49%，2013年至今一直保持在55%左右。各学科的教学成绩也全部摘掉了全区倒数的帽子，优势学科已提升至全区最前列。学校整体管理水平频上台阶，近几年荣获青岛市艺术节优秀组织奖、青岛市支教工作先进单位、青岛市教育管理先进集体等。教师发展也喜讯连连，有1人出示全国公开课，1人录制了人教版教材配套光盘，2人出示全省公开课，2人获全省优质课评比一、二等奖，24人次获得青岛市优质课一等奖或出示青岛市公开课、名师开放课，16人荣获青岛市教学能手、德育先进个人、青年教师优秀专业人才等市级荣誉称号，发表论文、在大型教研工作会上进行经验介绍者每学年都有几十人之多。学生中每年也有数十人在市级以上文体、科技、读书、实践等活动中获奖，学校合唱团年年获青岛市合唱比赛一等奖，橄榄球队在青岛市三运会中获得第二名的优异成绩。很多奖项对于优质学校来说或许不值一提，但是对于一所刚刚崛起的薄弱学校，却是我们迈向美好明天的激励、鼓舞和动力。我们将潜下心去，向文化更深处漫溯；我们将静下心去，向专业更精处探寻；我们将细下心去，向素质更高处奋进，以认真、勤奋为水，用真诚和执着做肥，让学校发展的梦想之花更加生机盎然、艳丽夺目、芬芳灿烂！

系好第一颗纽扣

在生活中，我们有时急着穿衣服，扣子老是扣不好、对不准，衣服是错位的，一检查才发现是第一颗纽扣扣错了。这种现象在社会学上被称为"第一颗纽扣效应"。在学校里，我们干部就像是"第一颗纽扣"，我们的管理思路、工作作风是在给全校的教育教学工作定位，用心把我们的工作做细做实了，教育教学质量的衣服才不会"跑偏"。要系好第一颗纽扣，我们学校干部必须坚守二十四字方针：读书、交流、反思；计划、深入、具体；把关、指导、坚持；带头、合作、奉献。

一、读书、交流、反思

学校干部大都是从教师做起，因为教学工作突出而被选拔到干部行列中来的。但是，一名优秀的教师并不能立刻转变成一名合格的干部，因为我们没有学过专门、系统的业务管理知识，许多干部往往是自己一边摸索一边艰难地向前走。要尽快提高业务水平，我们也需要学习，向书本学、向他人学、向自己的经验和教训学，因此，最佳的学习方式就是读书、交流、反思。于是，我们充分利用每周的办公会，精心设计了几个板块，营建了一个加速干部专业化成长的学习平台，让办公会成为提升干部管理水平的基地。

1. 板块一 ——读书论坛。

书籍是人类进步的阶梯，也是干部提升素质的营养剂。干部阅读的材料应该主要为管理知识和教学理论两类。《让"心理效应"催化教育管理》、《工作就是责任》等材料可以让干部明确了工作的目的是调动人的积极性，因为"领导是具有这种能力的人：让人去做不愿做的事，并喜欢做"；让干部认识到"管理者负责任的程度，决定着教育教学质量和学校事业发展的程度"；让干部懂得 "管理不是一味地检查、评比和批评，而是沟通、服务和引领"……《吹响打造高效课堂的集结号》、《新课程理念下的创新教学》、等材料则可以让干部学为人先，与时俱进，时刻站在课堂教学的最前沿，把握最新的教学理念，立足课堂，深化改革，向"和谐互动、精致高效"课堂要质量。

2. 板块二——"小把头论坛"。

每位干部在工作中都有自己的特长和经验，这就需要搭设一个交流的平台，使大家取长补短、共同提高。学校办公会上可以开设一个"小把头论坛"，每期由一名干部主讲。取名为"小把头论坛"，是因为中层干部要承担学校某一部门或某一方面的工作，要承担责任，要独当一面，是我们俗语中所说的"小把头"，每个"小把头"把自己工作中的所做、所想择其亮点写下来进行交流，虽然不见得有多么精深的理论，也不见得有多么精彩华美的语句，但是因为紧扣实际，格外有实效。

3. 板块三——"反思集锦"。

"成长=经验+反思"。干部的反思集锦可以包括三方面内容：一是常规工作反思。每周的办公会上，每位干部都应交流一周常规工作的亮点和不足，包括教学常规、学生管理、教研活动等方面。二是突发事件反思。在日常工作中，教师或学生都难免会发生一些意想不到的突发事件，事后应及时总结处理办法中的经验教训，积累的多了，再遇到类似的事件就不再手忙脚乱了。三是专项工作反思。学校经常要开展迎接上级检查、组织大型活动等专项工作，会牵涉到学校的各个部门，事先的协调会要进行周密明确的分工，但总会遇到令人措手不及的地方，当然也有令人满意之处，因此应该在事后再召开一个总结会，不断丰富管理办法。

二、计划、深入、具体

教育教学管理工作千头万绪,要让工作开展得扎实、有成效,就必须提前安排好计划,并要深入一线,及时发现问题,调整工作方案,同时要注重工作细节,制定具体的工作措施。

1. 增强工作的计划性,做一个善安排的干部。

"计划性是紧张、快捷的工作背景下对现代人的基本要求。"例如我们学校,每学期初都要认真研究本学期大的教育教学活动内容,制定出一份详尽的安排表,包括四个栏目:周次、每周的起止日期(列出节假日安排)、活动内容、责任处室。活动内容包括学校的学业水平监测、各年级的自主诊断、集中性教研活动主题、教学案及作业批改工作展评安排等等。这份安排表印发至全体教师,使每个人都对一学期的主要工作心中有数,再据此制订教研组、备课组、个人教学计划。学期中的工作主要应通过制订周计划进行安排,此外遇到重点工作还要进行专项计划,让教师提前筹划,绝不打无准备之仗。

2. 深入教育教学一线,做一个"有问题"的干部。

学校干部不能只坐在办公室里"运筹帷幄",更不能只凭教师的汇报了解情况,必须走出去,走到课堂上、走到教研组里、走到教师学生中间,用自己的眼睛发现问题。如果有的干部认为"天下太平",各项管理都没有什么问题,其实恐怕不是问题不存在,而是自己转得少、看得少、到位少,没有发现问题罢了。因此,不管是入校、放学、课间操等学生集中行动的时间,还是课间、课前二分铃、上课时段;不管是在校园,还是在办公室、教室,只要是师生在的时间、只要是有师生的地方,就要有干部的身影。干部要不断地走动,不断地观察,不断地与师生沟通,全方位了解情况,不断发现问题,进而想方设法解决问题。干部的工作能力就在发现问题——解决问题中得到了提升,而学校方方面面的工作也开展得富有实效。

3. 采取具体的工作措施，做一个"有办法"的干部。

在管理工作中经常会遇到这样那样的难题，有一些是普遍性的，比如学生跑操队伍不齐、口号不响亮的问题、评课流于形式的问题、教学案环节不齐全的问题等等，大会小会开了不少，各种要求提了不少，但是收效甚微，时间久了有的干部也开始大摇其头，觉得"真没有办法"，于是，学校的管理工作就在干部的思想疲沓中逐渐懈怠，有的方面甚至停滞不前。其实，处理这些问题的态度、方法最能检验出一名干部的责任意识与工作水平，学校的整体风貌也往往是在解决类似琐事的过程中不断改进的。学校干部应该有"办法总比困难多"的认识，开展工作的时候，不是只提要求，而是从每一个细节入手，采取具体详细、可操作性强的措施。

比如，为了提高学生跑操的质量，我们不能简单地给班主任提类似"要重视课间操"、"队伍一定要整齐"、"口号必须要响亮"等笼统的要求，而要研究出很具体的措施，例如每个班级来到操场上要在指定地点集合，先整好队列才能跑；百分竞赛值日生安排好各自的值日地点，各负其责；各班确定具有班级特色的口号，每圈至少喊三遍；请跑操水平高的班级现场示范，其他班级集体观摩……为了解决评课时大家不愿得罪人，只肯说优点、不愿指缺点的问题，我们可以运用"3+2+1"的评课模式，要求评课时必须要谈出三条以上的优点、指出两条以上的不足，并要给出一条以上的修改建议。

三、把关、指导、坚持

很多学校的管理模式是大致相同的，常用的管理手段也别无二致，但是管理效果却千差万别，究其原因，往往在于干部的落实程度存在差异。有的干部很潇洒，主要工作就是分配任务，甲项工作给了某位副主任，乙项工作由某教研组长具体负责，丙项工作派某位教师全权代表……分配之后工作就跟自己彻底脱离了关系，自认为给别人提供了锻炼的机会，至于工作效果如何，自己就不去负责任了。我们认为，对于一名干部来说，抓工作落实比工作分工更重要，任何一项工作只布置而不检查如同没布置，只让教师自己琢磨着做而不加指导往往是事倍功半，而虎头蛇尾、坚持不到底等于前功尽弃。把关、指导、坚持，是干部抓落实的三个关键词。

1. 严格把关。

所有安排的工作，我们干部都要进行把关，不留情面。特别是在教学常规管理方面，我们历来是"严"字当头。因为教学常规是抓教学工作的永恒重点，现在早已不是"白猫黑猫，逮着耗子就是好猫"的年代，教学必须要向精细化管理要质量。我们的教学常规工作实行纵横双向管理，级部主任与分管学科的干部齐抓共管。级部主任负责每周的例行检查，检查级部所有教师的教学案、练习题，抽查两个备课组的作业批改。教学案要检查是否做到了超周备课，教学目标、学法指导、教学设计、课后记等各个环节是否齐全；练习题主要检查习题命制的数量、质量，是否标明了序号、日期便于学生保存资料，以及教师是否圈点标画解题思路、答题要点，因为上好讲评课的第一步就是"下水"做一遍。作业批改主要是检查是否做到了全批全改，有无等级评价，学生书写认真程度如何，是否用红笔改错，以及教师是否进行了二次批改等等。如有不合要求之处，级部主任会逐人进行反馈。分管学科的干部除了在教研组活动中对备课、作业情况进行指导、督促之外，还要在每学期至少两次的教学案和作业批改工作中进行全面、细致的检查，检查情况要集中上报校长办公会。只有这样严把教学常规关，才能保证每个教学环节都是细致、严谨的，才能促使教师形成认真、规范的工作习惯，才能保证教学质量的"花开不败"。

2. 悉心指导。

我们干部是"教而优则仕"的，我们的教育教学经验是一笔宝贵的财富，再加上站在干部的高度看某些问题，我们的起点更高、角度更广，因此，我们要充分发挥自己的特长，指导教师开展工作。每周的教研活动，我们分管学科的干部都要与教研组长认真协商，确定教研主题，并提前准备资料指导教师如何说课、如何命题、如何把握课堂提问时机；每周的班主任会，我们的级部主任在布置常规工作的基础上，指导班主任如何开好家长会、如何与问题学生谈话、如何提高班级薄弱学科的成绩；全校教师会，我们干部也将指导课堂教学作为最重要的内容，引领大家把握教学设计的七个要点、学习东庐中学讲学稿的精髓、探讨如何选准合作学习的焦点……这个学期，我们干脆利用教师会开设了一个"高效课堂、精彩展示"活动，由教学骨干为全校教师上半小时的示范课，再由备课组长现场评课，学科干部进行总结、点拨，不但有利于打造我们学校的名师队伍，也有利于在全校形成聚焦课堂、提高效益的浓厚氛围。

3. 努力坚持。

抓一件工作工作落实简单，难的是每件工作都抓落实；一项工作最初开展时抓落实简单，难的是一贯将落实进行到底。有两句话不断激励着我们前行，第一句是全国知名校长赵翠娟说的："教育，原本不需要跟风逐潮，不需要不断地花样翻新，而是需要一种可贵的坚持"。第二句是一位不知名的主任医师说的："把一件事做好，最基本的就是要把它做完。我做事情无论遇到多大的困难，都要坚持把它做完。"的确，很多工作，大家不是不知道怎么去做，只是没有坚持着做完，最初的激情退却，结果就不了了之了。我们学校干部的工作，就是"落实、抓落实、狠抓落实"、"坚持、再坚持、坚持到底"。

四、带头、合作、奉献

一个干部，如果只把工作重心放在指导、检查、评价上，飞扬跋扈，以强权压制下属必须服从，是得不到群众拥护和支持的，只能引起大家的反感和怨愤。"人格魅力是第一教育力"，"其身正，不令而行；其身不正，虽令不从。"我们应该当好排头兵，身先士卒，团结合作，以自己敢为人先、甘为人梯的敬业奉献精神凝集全校教师，共同撑起学校发展的一片蓝天。

1. 事事带头才能赢得尊重。

我们是干部，许多方面无人监督，靠的是自律。如果我们利用职权谋取私利，却要老师们严格守纪、无私奉献，怎么会得到大家的支持呢？有人总结共产党和国民党的战斗作风时说，国名党之所以失败，因为他们的军官总是把手往前一挥、自己原地不动："弟兄们，给我上！"而我们共产党的干部则会首当其冲跃出战壕："同志们，跟我冲！"领导带头冲锋陷阵，才能凝聚人心、众志成城、打下江山。因此，在我们学校，最早到校的是干部，最晚离校的是干部，课堂教学水平最高的有干部，教学成绩突出的也少不了干部，遇到临时性搬搬扛扛的事情，挥洒汗水最多的还有我们干部……

2. 团结合作才能和谐共赢。

团结就是力量，合作才能成功。"没有完美的个人，只有完美的团队"，"没有个人的成功，只有团队的成功"。我们的合作首先表现在研究工作时。如同教师上课要经过集体备课一样，干部开展工作也应该集体研究，集思广益，取长补短，而不能只靠自己的力量单打独斗。遇到重要工作，我们会一起协商，你说说你的想法，我谈谈我的妙招，"三个臭皮匠，顶一个诸葛亮"。比如各年级要开学生会了，我们三个级部主任肯定会凑在一起搞"集备"，会议安排每次都是充实高效的。合作还表现在协调工作时。许多工作需要不同的部门共同参与，我们每个干部都是积极配合，有问题主动帮助解决，绝不会去做拆台的事情。合作带来的是和谐的氛围，得到的是学校多项工作的齐头并进。

3.敬业奉献是久唱不衰的主旋律。

无私奉献是当好一名干部的基本前提。我们很欣赏一句话："一个人的幸福不是因为他得到的多，而是因为他计较的少。"因此，在我们学校，干部没有加班、值班的概念，只要学校需要，我们就会及时出现；我们很少在乎个人得失，总是以学校为重，为教师学生着想。干部敬业的精神对教师来说是一种强大的感召力，增强了教师的责任感。在六中，敬业奉献的主旋律一直唱响，经久不衰。

"读书、交流、反思；计划、深入、具体；把关、指导、坚持；带头、合作、奉献"这二十四个字是我们学校干部的工作指南，将这二十四个字铭刻在心，用心工作，系好干部这第一颗纽扣，学校的发展就会迈向更加美好的明天。

幸福都是奋斗出来的

——青西新区明天外国语实验学校2017年工作总结

青西新区明天外国语实验学校建于2016年，为青西区第一所本土民办初中学校，占地22亩，建筑面积16941平方米，目前有七八年级寄宿学生380人，14个教学班，教职工45人，实行小班化教学。经教体局批准，学校与青西新区第十中学结为公民办联盟校，两校互派教师交流，实行一体化办学。2017年，借助于省市区大力发展民办教育的东风，学校潜心搞文化建设、精心抓常规管理、用心促师生发展，用扎扎实实的奋斗来谋取点点滴滴的幸福，取得了较好的办学效益和社会声誉，创出了属于自己的特色和品牌。

一、让师生在温暖环境中幸福生活

校园环境是校园文化最为直接的体现，每一座建筑、每一处景点，都成为一种思想的传递，一种文化的表达，优美的校园环境总能以"无声胜有声"的育人效果，熏陶感染着师生，丰富净化着师生的灵魂。作为一所全日寄宿制学校，我校的环境建设处处体现着简约、清新和温暖，让学校既是师生工作学习的场所，又是师生们幸福生活的家园。

1.教学区域大方简约，敞亮通透。

2017年暑期，因为学校办学规模扩大，学校对教学楼三楼四楼进行了改造升级，增配了十间宽敞明亮的教室、三间设施齐全的办公室。为体现"悦读悦心"的学校"悦"文化特色，学校毅然将教学楼背面教室拆除，只保留阳面教室，对面建成开放式活动空间，三楼为"穿越时空"，分为国学馆、阅读区和电脑公用区，四楼为"青春会客厅"，整体打通，配置多人和单人沙发，教师可以在此集体备课、辅导学生，学生可以在此阅读交流、小组合作。

2.特种教室功能齐全，风格独特。

学校在原有书法教室、创客空间、外语村等特种教室的基础上，新增了美术教室、舞蹈教室、瑜伽教室、微机教室、团体心理辅导室、心理咨询室和宣泄室，配备了各种教学用具和信息化设备。微机教室的星空科技感吊顶、美术教室的树林造型软木板、瑜伽教室的莲花背景墙、宣泄室的软包捶打墙……每间特种教室都设计安排得既实用又别致，现代时尚，大气高端。

3.文化布置适当留白，简约清气。

作为一所新校，走廊、楼梯、墙壁、拐角和校园绿化等方方面面均须装点修饰，文字、图画、雕塑、展板……可添可补的形式内容异常繁多。最好的文化需要根据学校特色提炼，最好的装饰应出自本校师生的双手，在精心设计班级名片和墙面文化的同时，我校也给空间适当留白，逐步收集整理师生艺术作品，不追赶潮流、不盲目跟风，保持自己简单、大方、清新的特点，形成明天外国语独特的文化风格。

4.生活设施不断改善，温馨暖人。

学生年龄尚小便离家住宿，"想家"是寄宿学校经常谈论的一个话题。为了让学校有家的氛围，三楼开放空间特意安放了一个大型"布朗熊"以及几只小型毛绒玩具，这里很快便成为学生最爱的乐园，几个玩偶也变成了学校大家庭的成员。为了让学生宿舍更方便宜居，学校暑假为每个宿舍添置了桌椅，便于学生学习、放置物品，椅子的颜色也精挑细选，男生宿舍为蓝色，女生则为玫红色。教师宿舍也进行了专门打造，定制了实木床和席梦思，衣橱、桌椅一应俱全，让老师们舒心居住，安心工作。

二、让学生在多彩课程中幸福成长

"课程是学校教育的核心任务"。学校将课程建设作为学校发展的灵魂，努力打造独具特色的课程设计，通过丰富多彩的课程来浸润人、陶冶人、塑造人，促进学生健康、全面、个性发展。

1. 最好的课程有特色。

学校精心设计"青春悦动"课程体系，从"青春有梦"、"青春有勤"、"青春有美"、"青春有诚"、"青春有礼"、"青春有才"六个角度推出德育课程、体育课程、艺术课程、实践课程、科技课程等，采用选课走班、社团活动方式张扬学生青春个性。目前，学校组建了足球、篮球、衍纸、数字油画、合唱、书法、写作等八大社团，开设了"走进数学世界"、"精彩ABC"、"玩转地球"等十几个学科类校本课程，采用自由选课的方式进行，全体学生人人有自己的专属课程。学校在大课间活动上创出特色，上午、下午各安排一次课间操，根据初中生的年龄和身体特点，创编了"气壮山河"长拳操、"感恩的心"手语操、经典诵读"弟子规"、"青春悦动"花式跑操、"青春飞扬"华尔兹、"快乐旋风"街舞等板块，已成为学校展示学生精神面貌的一张靓丽名片。借助学校课程平台，明外的孩子逐渐在各项比赛中初露尖角：在2017年6月组织的"百年追梦，全面小康"全国第二十四届读书教育活动中，703班徐一帆同学获得二等奖，701班丁文萱、702班王秋燕、703班张瑜同学获得三等奖；在2017年12月举行的区中小学生艺术节书法绘画比赛中，702班金运平、803班季韵格、804班刘佳澍获得一等奖，801班陈一诺、802班辛乐璇获得二等奖，709班纪欢娟获得三等奖。

2. 最好的课堂在路上。

学校设有"青春悦动、拥抱明天"研学旅行活动课程，目的是培育和践行社会主义核心价值观，使学生主动适应社会，促进书本知识和生活经验的深度融合，增长见识，拓宽视野，提高综合实践活动能力。2017年4月，学校组织全体师生步行四十余里，到海军公园举行"热爱西海岸，真情铸海魂"远足拉练活动；5月，全体师生到日照海滨和江苏花果山考察风土人情，研究人文地理；7月，60余名学生在班主任带领下远赴北京，登长城、游故宫，感受中华文化的魅力，又在清华北大的学术氛围中确立努力学习、永争一流的奋斗目标；11月，全校380名学生集体来到日照Hi世界农乐园，参观了航天科技馆、太空植物园，并在真人CS和卡丁车基地进行了拓展训练。目前，学校的学生百分之八十来自乡镇农村，但是从明外开始，借助于研学，他们有了行万里路的梦想，也逐步培养了拥抱世界的素质和能力。

3. 最好的教育靠活动。

（1）设立主题活动月，定期开展主题活动，进行专项教育：一月份为"感恩教育月"，二月份为"文明礼仪教育月"、三月份为"学雷锋、献爱心教育月"、四月份为"缅怀革命先烈，传承民族精神教育月"，五月份为"劳动、感恩教育月"，六月份为"责任、奋进教育月"，九月份为"尊师守纪教育月"、十月份为"爱国主义教育月"、十一月份为"安全教育月"、十二月份为"诚实守信教育月"。学校认真对系列教育活动进行谋划、组织和实施，不断探索新的活动方式，做到形式新颖、内涵丰富，形成了既生动活泼又成效明显的思想工作新局面。

（2）把握住重大节日、纪念日的节点，强化爱国主义、集体主义、传统文化及感恩教育。一年来，学校先后开展了"弘扬雷锋精神，做向上向善好少年"、"踏着烈士的足迹前进"、"浓情五月天，感恩母亲节"、"粽叶飘香、浓情端午"、"父爱无言，永驻心间"、"勿忘国耻，振兴中华"、"巧手迎新年，欢乐一家亲"等系列教育活动，通过国旗下讲话、主题班会、手抄报评比、演讲朗诵等方式对学生进行思想道德教育。

（3）开设"百家讲坛"，邀请专家到校，发挥教师、家长及学生专长，通过内容丰富的讲座拓宽学生知识面。一年来，学校先后开设了思维导图培训、书法名家与作品欣赏、"未来已来"家长课堂、"适合的才是最好的"学习方法经验交流等六次讲坛活动。

（4）突出英语特色，每月开展一次疯狂英语背诵比赛，观看一部英语原版电影，创设"说英语、用英语"的氛围。同时在每年冬季举办"校园英语节"，在为期一个月的时间里集中开展单词接龙比赛、英语手抄报比赛、英语书法比赛、英语配音比赛等活动，调动学生学习英语的积极性，寓教于乐，提高英语水平。

三、让教师在专业发展中幸福工作

队伍建设是学校工作的永恒主题。明外的办学理念是"让师生成为更好的自己，为明天的幸福奠基"，将教师放置到与学生同等重要的位置，让教师和学生共同在学校中成长进步、幸福快乐。面对所有青年教师都毫无任教经验的现实，学校一方面狠抓教学常规管理，一方面大力开展形式新颖、内容丰富的培训活动，使青年教师迅速成长为教育教学骨干力量。

1.让能干的人在更多收获中体会幸福。

民办学校不养闲人、不用庸人。学校建立了能者多劳、多劳多得、捆绑考核、奖优罚劣、末位淘汰的管理制度，对教师工作量和工作绩效进行科学、公正、民主评价，给态度好、水平高、工作量大的教师相应的酬劳和奖励，充分调动教师的工作积极性。在我校，很多教师跨年级、跨学科兼课，或身兼数职，承担起教务、安全、卫生、学生管理的多项职责。最辛苦的是班主任，白天驻班办公，早午晚还要照顾学生的饮食起居，每天工作十六个小时。虽然工作很忙强度很高，但是老师们在忙碌充实的工作中能听到自己成长的声音，也在更多的待遇回报中体会着实实在在的幸福。由于办学效益明显，明天集团一年提高一次我校的工资待遇，新入职教师的工资2016年每月仅为2700元，2017年1月提高到4000元，2018年1月将调至4600元，而班主任费也从每月800元提高到每月1500元。

2.让认真的人在平常工作中感受幸福。

教师每天重复着备课、上课、批改、考试、辅导等常规性工作，虽然平凡琐碎，但却考量着一个人的认真细致水平和坚持不懈毅力。认真就是能力，但学生的成绩就是在这些不起眼的琐碎中提高的，教师的职业幸福也是在日复一日的平凡中渗透弥漫的。明外每一节课每一扇教室的门都是敞开的，从校长到组长到每一位老师，都可以推门听课，真正做到了全天候开放课堂。再加上所有班主任均"驻班办公"，更使得全体教师在不断有人听课、不断听别人课的过程中练出了技能、练出了水平。学校对教师教学案、作业批改注重过程性考核，通过周检、月展、期末考核对教师常规工作进行检查、督促、评比、指导，所有检查不流于形式，检查结果纳入对教师的考核评价。每周检查结果都会进行详细记录，拍照上传至教师工作群，对工作认真的教师进行表扬鼓励。每学期召开家长会时，学校还要请全体家长观摩教师的备课、听课和作业批改资料，众多家长从一份份详尽工整的教案、一次次详实及时的批改中了解到教师工作的不易，老师们也收获了家长的认可、称赞和敬佩，感受着身为教师、受人敬重的幸福。

3.让上进的人在培训学习中品味幸福。

根据联盟校协议，我校与第十中学的沟通联系密切，实行教学资源共享，我校教师每周到十中参加备课组集体备课与教研组听评课活动，还定期邀请十中干部、组长到校指导教育教学工作。我校班主任、骨干教师还与十中教师共同外出参观培训，2017年，我校骨干教师先后到杭州市、扬州市、深圳市、滨州市考察学习，深入当地优质特色学校取经探宝。除与十中积极互动之外，十中所在的初中第五教研联合体、区教育发展研究中心组织的各项教研活动，我校也积极参加。一年间，学校还组织开展了安全救护知识培训、微课制作培训、班主任论坛、备课组长论坛、青年教师发展论坛、微课制作展示、教师基本功比赛等业务培训与主题活动，通过丰富多样的培训方式来开阔教师眼界，更新教学理念，丰富教育教学方法。尽管学校全为青年教师，但老师们上进心强，把培训学习看做是最好的福利，踊跃参加各种活动，教学水平迅速提升。2017年上半年，学校仅有11名教师，在黄岛区"一师一优课"和"一课一名师"活动中，便有姜灵秀、范梦雅、王雪、陈桂辉、孙燕、韩娇、柴德花7位老师的优课被评为区级优课。

4.让普通的人在岗位锻炼中获得幸福。

学校目前仅有一名执行校长，没有中层干部，本单位教师仅有1人年龄在30岁以上，其他均为20多岁的"毛孩子"，其中半数为应届毕业生。一所新学校，一群新教师，如何正常运转？学校施行了"轮值校长助理"制度，以教研组为单位推选三人担任轮值校长助理，每次轮值一个阶段（4-5周），协助校长负责卫生安全、学生管理、文体活动、对外联络等事务。推行近一个学期以来，几批助理均能承担起一名干部所肩负的责任，认真负责地完成校长交派的各项任务，有激情，有活力，有智慧，尽管是一名普通教师，却在干部岗位上锻炼了组织协调能力、活动策划能力和人际沟通能力，获得了自身价值超常规体现的幸福感。学校也拥有了一大批后备干部，为以后的高速发展奠定了基础。

回首2017，明天外国语实验学校的全体师生在奋斗中创造出全区统考总平均分冠军的奇迹，在奋斗中增长着见识与才干，在奋斗中打造出学校的特色与文化，在奋斗中换来了家长的支持和社会的美誉。与很多民办学校不同，学校没有营销意识，不设宣传和招生部门，2017年未发放过任何纸质宣传材料，仅凭一份微信招生简章，便迎来了272名七年级新生入学。由于床位限制，2018年只能招收208

名新生，但是元旦刚过，预约报名人数已达152人，并且有多名小学四五年级的学生家长提前登记报名。在民办教育蓬勃发展的春天里，明天外国语犹如一朵百合，隐于山谷，悄然绽放；我若盛开，蝴蝶自来。新的一年，明外的全体师生将继续加油鼓劲，拼搏进取，撸起袖子，团结奋斗，让幸福来敲门，让明天更美好！

振双翼而上青云
——教、学多措并举，全力提升质量

众所周知，教学包括教师的教和学生的学两个方面，教、学是两个同时并存、缺一不可的支点，就像鸟的两个翅膀，只张开一翼，自然飞行无力，只有双翼并举，才能自由飞翔。近年来，我校在教和学两个环节上采取了一系列措施，取得了初步成效，学校教学质量逐渐提升。

一、狠抓常规，让教师教得扎实，力求"把简单的事做好，把平凡的事做精"。

教学常规是教学的基本章法，人人都在做，校校都在抓，但是对教学常规管理的认识不同，抓的严格程度不同，做的结果自然也是千差万别。我们认为，教学常规是抓教学工作的永恒重点，它是取得优良教学成绩的基石，是塑造高水平教师队伍的保障。全国知名校长赵翠娟曾说："教育，原本不需要跟风逐潮，不需要不断地花样翻新，而是需要一种可贵的坚持。"廖文胜校长也认为"我们的教育不是缺少点子，而是缺少把每件事做到位的精致。"近年来，我校始终坚持抓好教学常规，在制度的制订上，突出一个"细"字，将教师的每一项教育教学工作都纳入制度管理中，使教师做有标准，行有规范；在制度的落实上，我们强调一个"严"字，通过各种有效的途径和措施及时了解和发现落实中存在的问题，不断提出改进意见，保障各项工作健康发展和优质高效。概括来说，我们主要是坚持四个追求，让教师教得扎实，力求把简单的事做好，把平凡的事做精。

1. 备课追求实效。

凡事预则立。备课是教师把握教材、与文本对话的一种重要形式，也是教师在整合各种教学资源的基础上确定教学思路，对课堂情况进行预设的一个重要手段，它是教学过程中十分关键的环节，直接关系到教学质量的高低。我校长期坚持推行《集体备课制度》，要求所有教学内容必须经过集体备课、共同研讨之后方能实施教学过程。我们还采取了"师生共用教学案"的方式，将教师的教案与学生的学案合二为一，教师在备注栏填写双边活动、知识拓展，学生则进行重点笔记或改错；教师在"课后记"处填写课堂教学反思，学生则记录本节课的学习体会。教学案由各备课组进行分工，学期初明确每一章节的主备人，所有备课都要经历这样一个三步曲才能走进课堂：第一步，个人研究教材、琢磨教法；第二步，在组内说课、进行集备，主备人编写"教学案"；第三步，个人根据教学风格、学生特点补充修改教学案。这种做法将集体备课、超周备课落到了实处，实现了优势互补，集体智慧得以最大发挥，凝聚力空前加强，使团队合作的精神得以充分发扬；同时，也有力地促进了学科教学水平的整体提高。

2. 课堂追求效益。

课堂是实施素质教育的主阵地，也是抓好知识落实的主阵地、提高教学成绩的主阵地。我们遵循"低起点，小步子，精练习，快反馈"的原则，在课堂上夯实基础、培养能力，并根据学生情况控制难度、把握深度、巧设坡度、增强跨度，提高课堂教学的实效性，实现课堂教学大容量、快节奏、高效益，推进学生全员发展、稳步提高。近两年，我们在市教研室领导的指导下，坚持推行了"学案导学"教学模式，这种教学充分体现了教师的引领作用和学生的主体作用，使课堂教学发挥了最大效益。我们没有简单地搞"拿来主义"，而是将先进的教学理论与我校实际情况相结合，探索创建"先学后教、以学定教、因材施教、为学而教"的新授课、复习课模式。

我校"学案导学"的一般过程是：

（1）教师编写教学案，提出自学要求。教学案的设计要具备以下特点：①围绕教学目标，紧扣教材，从整体上体现教材的知识结构和知识间的内在联系。②有启发性，对教材中学生难以理解的内容作适当的提示，引导学生自主学习。③问题设计应有层次性，梯度性，根据学生对问题的认识逐渐加深，做到循序渐进，使学生意识到，要解决教师设计的问题不看书不行，不看详细也不行，光看书不思考不行，思考不深不透也不行。

（2）学生自学教材，完成学案中的有关问题。这是学案导学的核心部分。在学生自学过程中教师要做到以下几点：第一，要指导学生自学的方法。如告诉学生学案中哪些内容只要略读教材就能掌握，那些内容应注意知识前后联系才能解决等等，让学生逐步理解掌握教材。第二，教师应要求学生把预习中有疑问的问题作好记录，让学生带着问题走向课堂。

（3）讨论交流。在学生自学的基础上，教师组织学生讨论学案中的有关问题，对一些简单，易懂的内容教师只须一带而过，而教学中的重点，难点问题则应引导学生展开讨论交流，形成共识。

（4）精讲释疑。教师根据教学重点、难点及学生在自学交流过程中遇到的问题，进行重点讲解。精讲应具有针对性和启发性，切忌面面俱到，尽量让学生自主解决疑难问题，以最大限度地发挥学生学习的积极性，培养学生的思维能力。

（5）练习巩固。这是"学案导学"的最后一个环节。练习的设计要紧扣本节的教学内容和学生的认知水平，让学生在无疑——有疑——无疑的过程中，由浅入深，由表入里，由此入彼地掌握知识，增强学习能力。

"学案导学"模式的有效使用，使教师对学生的学习状况、思维特点了如指掌，提高了教学的针对性；同时，学生在课堂上要时而听，时而读，时而写，时而记，时而思，时而答，可谓多种感官共同参与，极大的调动了学生学习的积极性，让学生全身心的投入到学习活动中去。

3.作业追求规范。

作业练习是学生掌握知识、发展智能不可缺少的重要一环。我们制定了严格的作业设置与批改规定，对每个学科每周的教学案、练习题、检测题、《同步学习与探究》等作业的数量、评价要求进行了合理、明确的规定，对每个学科平日及双休日的作业量进行了严格的限制，并通过学生问卷调查加强监控，在此基础上着重抓好三方面工作：

一是习题质量。我们坚决杜绝题海战术和无效的机械重复抄写作业。在内容上，我们要求教师在选题命题时把握三个要点，即针对性、典型性、研究性。在形式上，要求练习题、检测题必须标注出题日期及编号，以及命题教师的姓名。教师命制好习题后先由备课组长把关，再到级部主任处开具印刷审批单，而每学期定期、不定期的作业检查也将习题质量作为重要的检查内容。

二是作业批改。作业批改要求做到"有发必收、有收必批，有批必评、有错必纠"，具体要求是：每次批改必须有评价、有日期，如果是学生自批或互批，必须有学生签名。学生改错必须使用红笔，或者附纸改错，而教师要对学生改错情况进行二次批改，并提倡对学生进行面批。

三是习题讲评。讲评绝不等同于对答案，我们对讲评提出了四点要求：一是讲思路，找出问题的突破口；二是讲捷径、讲技巧；三是讲典型题、举一反三；四是讲规律，形成知识网络。

4.诊断追求科学。

教学诊断是了解教学状况、评价教学质量的重要手段，要以必要、适度、科学为原则。我们十分重视诊断对课堂教学的反馈作用，根据需要及时进行阶段评价，找准问题，分析原因，提出改进措施，以不断调整教学策略，提高教学质量。所有诊断都严把三关：一把进度关，按学期初制订的教学进度，适时进行，真实地了解教学质量；二把命题关，题目要加大层次坡度，适当增加难度，不出偏题、怪题，确保题目质量；三把质量分析关，每次教学诊断都要及时进行质量分析，级部要分析到每一个备课组、每一个班级；班级要分析到每一个学科、每一名学生；教师要分析到每一名学生的每一个知识点。

二、培养习惯，让学生学得主动，倡导"我的时间我做主，我的学习我精彩"。

"习惯决定命运"，学生有一个好的习惯可以受益终生。在学习上，我们坚持实施习惯培养工程，"四个习惯"常抓不懈，持久生效，即：自主学习的习惯、认真书写的习惯、交流讨论的习惯、反思总结的习惯。习惯的培养要靠活动为依托，我们根据初中生的年龄特点，开展了多项活动，倡导"我的时间我做主，我的学习我精彩"，提高学生自主学习的能力。

1.培养自主学习的习惯。

学生是学习的主人，养成自主学习的习惯，是他们进一步获取知识，把知识转化为能力的助推器。但是，初中生由于年龄特点，贪玩好动，自制力较差，如何让学生自主学习一直是一个令教师棘手的难题。我们开展了"自主学习，三步成长"的活动，抓住自主学习"自我导向、自我激励、自我监控"的特点，通过"灌输——渗透——内化"的模式，采用教育、引导、约束、激励等丰富多样的方法，帮助学生完成了一个自主学习的三步发展路径：

第一步，"想学"，培养学生形成自主学习的趣味性。兴趣是最好的老师，兴趣是学生学习的内驱力，而激发学生学习兴趣的大本营就是课堂。在课堂上，我们坚决反对将"学案导学"的模式僵化、甚至异化成"习题讲评"课，虽然每节课都用学案，但是每个学案的环节是不同的，教学设计仍然十分重要。我们要求教师把自己的位置放低，把自己看成是学生的学习伙伴，看成是学习的参与者，研究透彻学情，根据学生的需要来编写教学案、设计双边活动，让课堂活跃起来，激发学生的学习兴趣。

第二步，让学生"会学"，培养学生形成自主学习的基本功。我们重视对学生进行学法指导，"学案导学"的教学模式使师生融为一体，学生真正参与了教学的全过程，相比于普通的授课模式，学生很快就明确了该如何读书、如何做笔记、如何拓展延伸等等，不但信息量大增，学习方法也更加丰富。

第三步，让学生"坚持学"，培养学生形成自主学习的控制力。在学校里，我们让学生明白"天才就是集中注意力"，通过学生自我管理、学校有效督查等方式培养学生听讲、自习的专注；在节假日，我们让学生懂得"成功其实很简单，就是强迫自己不断地干下去"，开展砺志教育，并在布置明确家庭作业的基础上，给学生配备了"自主学习作业本"，激励学生自主学习，同时采取教师访查和学生监督相结合、学生互帮互助和有效管理相结合、家长管理和学校教育相结合等措施，使学生在课余时间增多之后，不是放任自流，而是引导他们走上更高更好的发展道路。

2.培养认真书写的习惯。

认真书写不仅能提高作业的准确率，而且对端正学生的学习态度，养成认真负责的习惯有积极的意义。我们大力开展作业展评活动，让作业成为一道亮丽的风景线，实现学生各项学习规范的提高与发展：一是日日评，及时反馈，精彩展示。我们在班级走廊上设置了三个展区：精品作业展区、进步作业展区和自主作业展区，通过展评不但可以激励学生向着更高更完美的方向奋进，同时又可以在最短的时间之内有效的反馈学生的作业情况，引导学生养成严格规范的习惯。二是年级评，开拓视野，提高自我。我们定期把最为优秀的作业和进步发展变化较大的作业摆放到固定作业展评室，再组织各班学生到该室进行参观，既使学生看到了自己的学习方向，又明确了自己的差距，尔后再通过各班主任及时组织学生在班内进行交流并写出体会。于是，一个自我严格要求的学习氛围在我校悄然形成。

3. 培养交流讨论的习惯。

合作学习的方式对学生来说与自主学习同样重要。交流是合作学习中的重要表现形式之一，而讨论是合作解决问题的关键。我们根据学生的学习水平、理解能力、表达能力等划分了合作小组，由小组长负责组织具体，不仅在课堂上根据教师的要求各抒己见、质疑问难，课余时间也经常性地进行交流争论、取长补短。我们开设了一个"学习超市"，每天"营业"的时间是中午学生陆续入校到第一节课二分铃前，只有大约十几分钟时间，但是"生意"却十分"兴隆"，学生纷纷把学习中遇到的困惑抛出来问个明白，有时在自己小组内解决不了，还会到别的组请求"外援"帮助。这个"超市"的开设为学生的合作学习创造了条件，更营造了一种浓厚的学习氛围。

4. 培养反思总结的习惯。

我们都知道，反思对提高教师的专业化水平有极大的促进作用，其实对学生而言，反思总结同样是一种良好的学习习惯。尤其是相对于小学知识来说，初中的学习内容概括性强，题目灵活多变，只靠课上听懂是不够的，需要及时认真总结归纳、进行消化吸收。初中生反思习惯的形成，有赖于教师为其反思提供时空，并进行及时的指导，我们的做法有：一是在课堂教学中抓住时机积极培养学生的反思能力，例如在解题后引导学生反思——思解题思路和步骤，思一题多解和一题多变，思解题方法和解题规律的总结；二是在每堂课学习结束后，引导学生适时总结自己掌握了哪些知识、获得了什么技能，要在"教学案"中的"课后记"栏里写下简短的体会，并进行交流；三是进行"日结周清月盘点"，通过建"错题集"、画"知识树"等方法让学生及时巩固知识、梳理体系，让学生"学且快乐着，思并成长着"。

提高教学质量并没有多少捷径可走，只有教得扎实、学得主动，教、学双管齐下、双翼齐飞，教学质量才能有所保证。我们坚信，把简单的事做好就是不简单，把平凡的事做精就是不平凡；学生的时间自我做主、主动发展，才能提升综合素质，开启美好人生。我们将继续把教、学两个方面的各项工作做实、做细、做精，在继承中发展，在探索中前进，在实干中创新，不断提高教育教学质量，为我市的教育事业涂写一笔辉煌。

参考文献

[1] 李光平.浅议初中思想品德课教学的实践性 [J].云南教育（中学教师），2012,（Z1）：15-16

[2] 李宗德.初中思想品德课堂学习高效性策略研究 [J].科学咨询（教育科研），2016,（12）：12-13

[3] 郭元婕，鲍传友.实现教师专业自主发展的路径探讨 [J].中国教育学刊，2006,（12）：20-22

[4] 钱彩秀，左婵娟，陈健.自主生长式教师专业发展的特点及实现路径 [J].科教文汇（下旬刊），2017,（01）：18-21

[5] 王禄芳.教师专业发展的"破冰"之旅——评《教师专业发展的理论取向与实现路径》[J].中国教育学刊，2015,（05）：11-13

[6] 张占成.现代教育的科学管理问题研究 [M].西安：西北工业大学出版社，2020.16-18

[7] 李炳亭.高效课堂九大"教学范式"[M].济南：山东文艺出版社，2010.52-56

[8] 李锦韬，李金初.聚焦初中教育 [M].北京：科学普及出版社，2006.23-25

[9] 谢希德.创造学习的新思路 [N].人民日报，1998-12-25（10）